竹島VS独島

日本人が知らない「竹島問題」の核心

下條正男

ワニブックス
|PLUS|新書

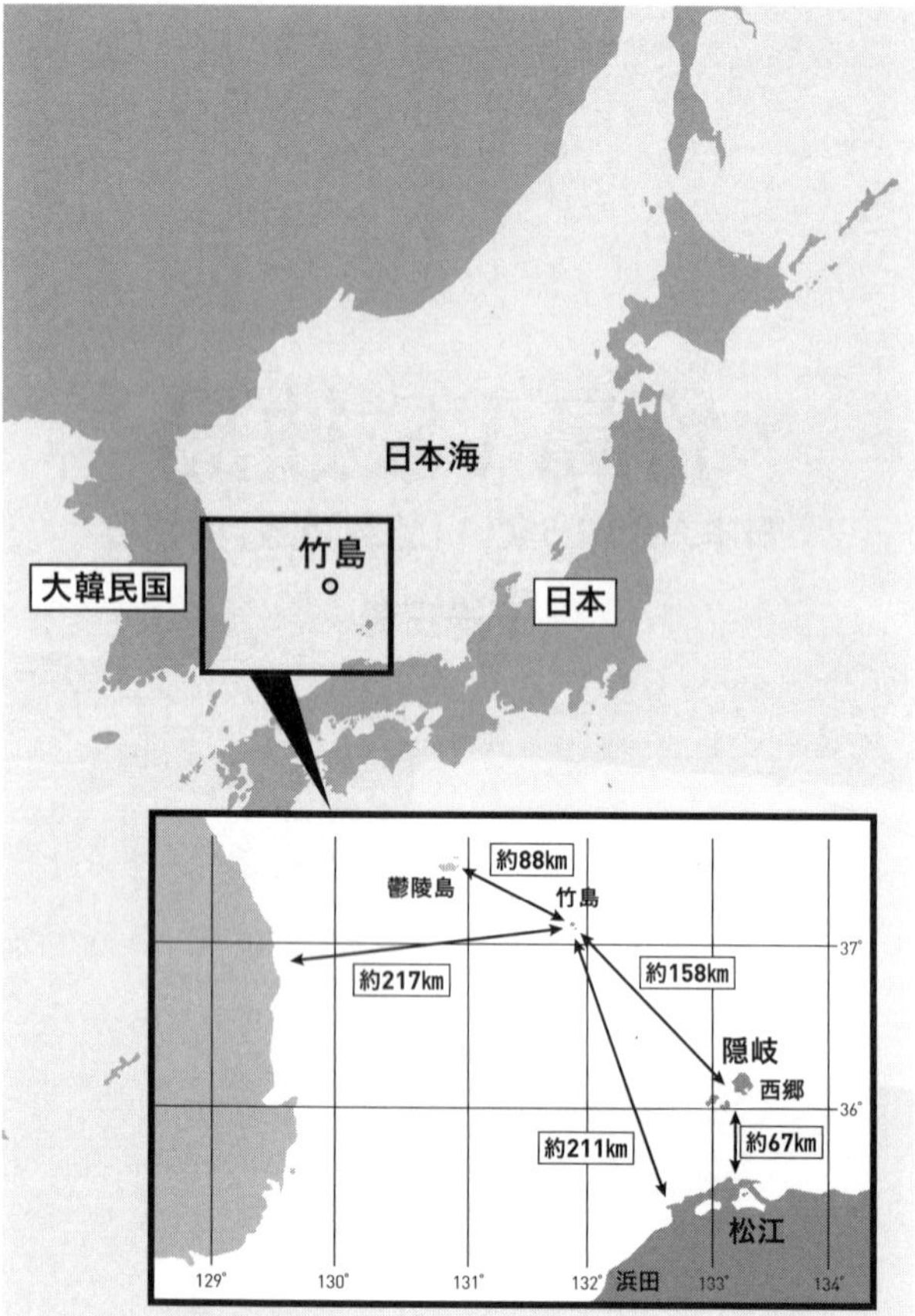

日本海
竹島
大韓民国
日本
約88km
鬱陵島
竹島
約217km
約158km
隠岐
西郷
約211km
約67km
松江
浜田
37°
36°
129°
130°
131°
132°
133°
134°

はじめに

竹島との関わりは、当時、ソウル日本人学校の小学2年生だった筆者の娘の一言から始まった。1996年2月、韓国政府が竹島に接岸施設を建設すると発表し、日本政府がその中止を求めたことが発端だった。ソウルの日本大使館には連日、デモ隊が押し寄せ、必死の形相で日本を非難する姿がテレビのニュースなどで、繰り返し放映されていた。それを見たのか、娘は私に「お父さん、日本が何か悪いことをしたの」と聞くほど、その光景は異様だった。

そこで韓国側が竹島は韓国領だとする文献を読んでみると、韓国側は文献が正確に読めていないことが分かった。それを文書にまとめて日本の『現代コリア』誌に寄稿し、同誌の紹介で韓国の『韓国論壇』にも掲載されることになった。すると数人の韓国側の研究者から反論がなされ、その研究者との間で論争が始まった。その論争は、勤務していた韓国の大学から契約更新を拒否された1998年まで続いた。

この論争でも、異様な体験をすることになった。筆者の方では、竹島を韓国領としてきた文献には、なんとその証拠能力がない事実を明らかにしたのである。それに反論する論拠というのが、韓国側が「良心的日本人」として評価する日本人研究者による竹島研究だった。そこでその「良心的日本人」の論著を読んだが、竹島を韓国領とする論証はまったくできていなかった。

ソウルの日本大使館に群衆が押し寄せ、池田行彦外相（当時）を模した人形を焼いて「快哉」を叫ぶのが異状なら、領土問題を宗教論争と錯覚し、「良心的日本人」を絶対視して反論した韓国側研究者も異状だった。日本では非常識と思われることも、韓国では常識となっているということだ。

そういえば近年、韓国側の常軌を逸した行動が目につくようになった。２０１８年12月の韓国の駆逐艦による日本の哨戒機への火器管制レーダー照射事件。その2カ月前には、韓国の国際艦隊式で、自衛隊旗である旭日旗の掲揚を拒否する事件が起きている。

その後、韓国では旭日旗を戦犯旗として、国の内外でその使用禁止を求めるキャンペーンを行っている。だが韓国の国旗である太極旗は、韓国の著名な評論家であった文一平によると、日本の提案を受け、日章旗を基に制作したものだという。韓国の太極旗と旭日旗は、言ってみれば親戚筋にあたる。旭日旗を戦犯旗と呼ぶなら、太極旗もその一族である。

この事実は、韓国側が日本の過去を問題とした時は、日本の常識で対応するのではなく、韓国の常識を踏まえて、戦略的に対応すべきだということを示している。韓国側の主張には、いつもどこか足りないものがあるのだ。

その典型が、「徴用工訴訟問題」である。２０１８年10月30日、韓国の大法院は、元徴用工と称する原告たちの訴えを受け、当時、雇用していた日本企業に賠償を命ずる判決を下した。

だが判決文を読めば分かるが、原告たちは徴用工ではなかった。朝鮮で「徴用令」が施行されたのは、１９４４年9月である。しかし原告等が日本に渡ったのはそれ以前で、しかも自らの自由意志によるものであった。原告等は、「徴用令」によって徴用された「徴用工」ではなかったのだ。この事実は、韓国の大法院も熟知していたはずである。大法院の判決文の中には、原告等の来歴が記されているからだ。判決文を読むと、韓国の大法院が裁きたかったのは、「侵略国家日本」である。そのため自由意志で日本に渡った原告等を「徴用工」として、日本に過去の歴史を反省させる手段としたのである。

この異常な判決は、20数年前、韓国で論争をした時に韓国側の研究者が示した態度と同質である。すでに、日本は侵略国家だと結論が決まっていて、自説に都合のいい文献を恣意的に解釈して、それを歴史研究とする態度と近いからだ。

この韓国の常識に対して、日本の常識で対処するのは危険である。韓国側では事実を曲解して、過剰に反応するからだ。

2019年7月、日本の経済産業省は、外国為替及び外国貿易法に基づき、輸出管理制度に関連して韓国向けの運用を厳格化した。主に安全保障上の観点からだったが、韓国側ではそれを「徴用工訴訟問題」に対する日本政府の対抗措置と捉え、国内では日本製品の不買運動を展開したのである。

これでは日韓は、いつまでたってもその迷路から抜け出ることはできない。

その思いは、今から20年ほど前、『日韓・歴史克服への道』（展転社）を上梓した時から続いている。日韓はなぜ、歴史問題で対立するのか。それは近代の直前まで、日本と朝鮮半島が「封建制」（地方分権）と「郡県制」（中央集権）という、全く違った社会体制であったことに由来する。従って、それは嫌韓や非韓では、克服できるような代物ではない。長い時間をかけて病になったものは、長い時間をかけなければ治癒しないからだ。

1996年から関わってきた竹島問題も、そろそろ終着駅が近づいている。本書は、竹島問題に少しでも関心を持っておられる方々に読んでいただければとの思いから、執筆したものである。

竹島の地元・島根県の孤独な戦いを入り口に、日韓両政府の竹島問題の展開、「良心的日本人」たちの韓国への加勢、竹島問題の「根」とも言える江戸時代の一件、そして竹島問題と密接に関係する「日本海呼称問題」などについて解説する。

日本はこれまで、こうした韓国の「独島」攻勢とどう戦ってきたのか。また、今後、どう戦っていけばいいのか。本書を通じて見ていきたい。

2021年2月　下條正男

第2章　日本政府VS韓国政府……91

第３章　「良心的日本人」VS「反日種族主義」……129

第4章　江戸幕府VS安龍福

第5章　日本海VS東海

第6章 日本VS中露韓「反日包囲網」

序章　韓国の〝独島ＰＲ〟作戦

■アカデミー賞作品に使われた「独島はわが領土」の替え歌

２０１９年、日本でも話題となり、日本国内の興行収入45億円超、観客動員１００万人超を達成した韓国映画『パラサイト　半地下の家族』。米・アカデミー賞では外国語映画として初めて作品賞に選ばれ、計４賞を獲得するなど高く評価された作品だ。

「ジェシカソング」の元歌を知らない韓国人はいない

この映画の中で、主人公の一家の長女がエリート女性・ジェシカに成りすますため、ニセのプロフィールを歌に乗せて暗記する場面がある。映画ファンから「ジェシカソング」と呼ばれるこの歌は、韓国では有名なある歌のフシに歌詞を乗せた「替え歌」である。

その元歌とは、「独島はわが領土」だ。１９８２年、コメディアンのチョン・グァンテが歌ってヒットし、90年代には韓国の小学校の教科書に載るまでになった。「韓国でこの歌を知らない人はいない」、そういっても過言ではないほど国民に浸透している。「独島」とは、「竹島」の韓国名である。「独島はわが領土」の歌詞には、独島、つまり日本領である竹島を「韓国領である」とする韓国側の言い分に沿って、島の基本的な情報や韓国側の主張する「歴史的根拠」が盛り込まれている。

挙げている歴史的根拠は間違った解釈によるものだが、韓国人の多くはこの歌を「歴史的に正しいもの」として認識しており、誰もがそらんずることができる。映画内でパロディとして口ずさむだけで「あの歌だ」と分かるほどなのだ。もちろん、韓国人のほとんどはメロディだけでなく歌詞も暗記している。

歌詞の内容はこうだ。

1
鬱陵島東南、船で200里／寂しい島ひとつ、鳥のふるさと／誰が何といおうが、独島はわれらの地

2

慶尚北道鬱陵郡南面島洞1番地／東経１３２、北緯37、平均気温12度、降水量１３００
ミリ／独島はわれらの地

3

イカ、イイダコ、タラ、メンタイ、カメ／サケの子、水鳥の卵、海女の小屋／17万平方
メートル、井戸ひとつに噴火口／独島はわれらの地

4

智證《チジュン》王13年、島国・于山《ウサン》国／世宗実録・地理志50ページ3行目／ハワイは米国の地、対
馬島は日本の地／独島はわれらの地

5

露日戦争直後、主無き島と／勝手に言っては困ります／新羅将軍・異斯夫《イサプ》、地下で笑っ

ている／独島はわれらの地

6
鬱陵島東南、船で２００里／寂しい島ひとつ、鳥のふるさと／誰が何と言おうが、独島はわれらの地

4番に登場する「対馬島は日本の地」という歌詞は、後に「対馬島はどこの地か不明だが」と変わり、さらに「対馬島もわれらの地」とするものまである。実にいい加減な歌詞なのである。

■間違いだらけの歴史認識を幼稚園児までが歌っている

歌詞中で歴史的根拠を挙げているのが3番の「智證王13年、島国・于山国／世宗実録・地理志50ページ3行目」との箇所だ。

これは『世宗実録』「地理志」の該当箇所と註に登場する「于山・武陵二島。県の正東の海中にあり」「二島は相去ること遠く離れていない。よく晴れた日には望み見ることができる」とあることから、これを鬱陵島から見た竹島の記述と解釈し、実際に鬱陵島からは竹島が見えるので、「于山島＝竹島である」「この時代から我々は于山島＝竹島を認識していた」とする歴史的根拠としている。

だがこれは文献が読めない、あるいはあえて読まずに行なっている曲解で、この于山島は実際には竹島と何の関係もない。しかしその事実を教えられないまま、韓国では幼稚園児たちまでが喜々として『世宗実録』「地理志」を独島韓国領の根拠として歌っている。

5番の「露日戦争直後、主なき島と勝手に言っては困ります」という箇所は日本の竹島の領土編入の経緯を揶揄している。1905年1月28日、日本は閣議決定を行い、竹島を日本の島根県に所属させることを決め、同年2月22日、島根県告示第40号をもって、竹島は隠岐島司の所管と定められた。17世紀後半まで、日本では鬱陵島でアシカやアワビ漁をする際、竹島を舟がかりとして利用していた歴史があるからだ。

しかし韓国側は「日本は朝鮮の領土である独島を『無主の地』だと言い張って奪った。1905年の領土編入は1910年の日韓併合に先立つものであると同時に、日露戦争上の目的で行ったものでもある」と主張しているため、「独島はわが領土」にもその主張が盛り込まれている。

確かに日本は竹島に軍事上の価値を見出してはおり、後に見張り所を建設しているが、それは日本海海戦より後のことだ。領土編入の主目的が、日露戦争であったとは考え難い。この歌詞は思い込み・曲解による言いがかりでしかない。

続く「新羅将軍・異斯夫、地下で笑っている」は、韓国が「独島は512年の新羅時代以来の韓国領である」と主張していることによる。「1905年に無主の地として領土編入した日本」を新羅将軍の異斯夫が草葉の陰で笑っているとするものだ。しかしこれも、何ら根拠のない主張である。

そもそもこの歌は「独島」を「寂しい島ひとつ」としているが、竹島は男島《おじま》（西島）、女島《めじま》（東島）の二つの島によって構成されており、ここからして間違った認識に基づいた内容になっている。

すでに学術的に反証されているものを含め、誤った内容でもおかまいなしに歌にして口ずさんでいることに韓国人の多くは気付きもしないだろうが、一方で「独島は韓国領である」ことを国民に周知させる「お題目」にはつながっているようだ。

しかも映画『パラサイト』で替え歌に使われたことで、「独島はわが領土」という歌そのものが国際社会に拡散されることにもなった。ポン・ジュノ監督がとりわけ反日的・愛国的だというわけではないかもしれないが、ここからは韓国の情報戦、文化政策の背景がうかがえる。

■韓流ドラマ『朱蒙《チュモン》』も歴史戦の道具だった

韓国映画は年々評価を高めているが、これも国策として韓国が映画芸術の発展に力を入れてきた結果と言える。コンテンツ輸出力をつけるという国策の下、韓国政府は映画振興に力を入れており、年間の予算は400億円ともいわれている。

日本では「文化の政治利用を許すな」が文化人の基本スタンスだが、韓国はそうではない。

さらにそのコンテンツ力は、いわゆる「歴史戦」の場面でも使われている。韓国MBCの歴史ドラマで、日本でも放送されて人気を博した『朱蒙』は、中韓の間に生じたいわゆる「高句麗史問題」で韓国側の主張を鮮明にすべく制作された。

「高句麗史問題」は、現在の中国東北部の一部に当たる「高句麗」を自国領だったと韓国が主張するのに対し、中国政府が中国東北地方の歴史研究を行う「東北工程」を推進し、中国の一地方政権としたことに始まる。これに反発した韓国は、ドラマ『朱蒙』を「高句麗史は朝鮮史である」と主張するために制作したのである。

『冬のソナタ』で有名になったペ・ヨンジュン主演の『太王四神記』も同様の目的で制作されている。ファンタジーを交えたストーリー構成で、「韓国が見せたい高句麗史」を描き出したものだ。

こうした手法は、独島についても使われている。映画では『ごめんね、独島』（2008年）や『独島の英雄たち』（2016年）といった、竹島の不法占拠を正当化するドキュメンタリーを制作している。

また、韓国のコンテンツ輸出力強化の先頭を走っている音楽業界も政治に「動員」される。韓国では人気歌手やアイドルも、独島や慰安婦問題など、歴史に関する事項について、スタンスを明確にした発言を求められることが多い。もちろん、「独島はわが領土」と言わなければ袋叩きに遭って、反省を求められる。

2020年に米ビルボードでトップとなった韓国人歌手グループBTSは日本でも人気だが、韓国民主党の議員が「BTSを海外での『独島広報』のような国家的な広報活動に、一定期間、無報酬で参加させ、その価値を活用する方法もある」と発言し、物議をかもしている。

このように、韓国では文化芸術が政治的イシューに言及する、あるいは韓国側の主張を宣伝する一助となることに、日本ほどの抵抗感がないのだ。

■「日本人観客も知らずに歌っている」と嘲笑

映画『パラサイト』制作陣は「独島はわが領土」の替え歌を映画に盛り込むことを国

から強制されたわけではないだろう。

映画『パラサイト』では、他にも日常の何でもない場面で豊臣秀吉の朝鮮出兵時に相対した李氏朝鮮の将軍・李舜臣の「鶴翼の陣」を引き合いに出す場面があった。こうした歴史的・教科書的な情報・うんちくが、韓国人の日常生活に浸透していることを描き出した場面でもある。「独島はわが領土」の替え歌も、そうした日常のディテールを表すものだったとも言える。

だが結果として、映画の影響力を拝する形で「独島はわが領土」という歌の存在、歌詞、ひいては「独島は韓国領である」との情報が国際的に伝播される一助になったことは間違いない。

日本としては看過し難い出来事も伝えられている。アカデミー賞受賞後、ポン・ジュノ監督以下出演者たちは大統領府に招かれ、文在寅大統領夫妻との昼食会に参加した。その席で、こんなやり取りがあったという。

〈文大統領「ジェシカソングのメロディや歌詞は誰が決めたのですか？」

俳優パク・ソダム「監督が……」

ポン・ジュノ監督「日本の観客も歌っているそうですよ」（一同大爆笑）〉

（FNNプライムオンライン、2020年2月21日）

映画を面白く鑑賞し、評価した日本人も多かったことを思えば、このやりとりは笑い事では済まないだろう。「元歌は『独島はわが領土』なのに、日本人は気付きもせず歌っている」と笑われているのだから。

■「歴史を正しい形に変えるべきである」という韓国の発想

本書で見ていくように、韓国は独島つまり竹島が古来韓国（朝鮮）に所属する島だったと主張しているが、この主張には根拠がない。特に歴史的根拠に関しては、筆者や筆者が座長を務める「島根県竹島問題研究会」などが逐一、批判しており、韓国からは学術的論争に耐え得る反論はなされていない。

なのになぜ、韓国はかくも自信たっぷりに「独島は韓国領である」と主張し、子供たちに歌まで教え込んでいるのだろうか。

それを理解するためには、日韓では、「過去（歴史）」に対する認識の仕方がそもそも違っていることを知る必要がある。

日本では「過去（歴史）」は客観的検証に耐え得る事実を扱うものだ。だが韓国の場合は、過去の歴史を「反正」しようとする志向性がある。つまり、「間違っていた過去」を「正しいものに変えていく（反していく）」意識が強いのである。

しかもその「反正」は、自らが反省するのではなく、他者に責任と反省を求めるのが特徴である。そのため、韓国で「過去（歴史）」を考える場合、「反正」を迫る対象が必要になり、その対象に過去の清算と謝罪を要求するのである。この「反正」の意識は、韓国で世代交代が進んでも薄まることなく、過去に対する清算と謝罪の要求が繰り返されることになる。

現に、韓国では政権が変わるたびに前政権が訴追の対象となり、大統領まで務めた者でも投獄される歴史を繰り返している。文在寅政権も、次の政権交代で保守政権が樹立されれば、「反正」の対象となり、糾《ただ》されることになるだろう。

日本が朝鮮半島を統治していた時代、朝鮮史研究ではこうした「反正」を「党争」と呼び、朝鮮史を特徴付けるものとして捉えていた。

日韓の歴史の問題でも、韓国が日本に対して「清算と謝罪」を要求するのは、この「反正」という志向性に基づくものだ。慰安婦問題や徴用工問題などはその分かりやすい一例だが、本書が扱う竹島問題も例外ではない。

■韓国にとって竹島は「植民地侵略の最初の犠牲の地」

竹島問題が発生したのは、日韓の国交正常化交渉が本格化する直前の１９５２年1月18日、韓国政府が公海上に「李承晩ライン」（韓国では「平和線」と呼ぶ）を一方的に宣言したことが発端だ。敗戦国日本が国際社会に復帰する１９５２年4月28日を前に、その間隙を突いた暴挙だった。

１９０５年に日本領に編入されていた竹島を、韓国は一方的に設定した李承晩ラインによって韓国領側に属するとしてしまった。これは何ら国際法的な正当性がないにもかかわらず、韓国がそれをもって竹島の領有権を主張したことから、日韓間の領土問題が始まったのである。

この主張自体が、「反正」現象の一つである。植民地統治をした日本に対し、韓国政府が「過去の清算」を求めたために起きたからだ。韓国側の主張では、竹島の日本領への編入は、「朝鮮半島への侵略」の端緒であり、「独島はその最初の犠牲地」であるとしている。韓国にとって独島は「日本の植民地統治」の象徴であり、取り返すのは当然、というわけだ。以降、独島は韓国にとって「独立の象徴」であり「民族の聖地」と化したのである。

1953年12月に、韓国政府は「漁業資源保護法」を制定。李承晩ラインを超えて操業する日本漁船を拿捕《だほ》抑留する法的根拠とするため、一方的に定めたものだ。

その後、韓国政府は竹島を武力によって占拠すると、海洋警察を駐在させ、日韓国交正常化が成る1965年までに日本漁船328隻を拿捕し、3929名の漁船員を抑留して、うち44名が死傷した。その損害額は90億3100万円といわれている。

こうした韓国側の動きに対し、日本政府は1954年9月25日に竹島問題を国際司法裁判所に付託するよう、韓国政府に提案したが、韓国政府は10月28日、次のような覚書を日本政府に送り付け、提案を拒絶した。

〈独島は太古の時代より韓国の領土であり、今も韓国の領土である〉

〈紛争を国際司法裁判所に付託しようとする日本政府の提案は、司法的な仮装による虚偽の主張をするもう一つの企図にすぎない〉

〈独島は日本の侵略の犠牲となった最初の領土である〉

本書を通じて見ていくように、「独島が太古の昔から韓国の領土」であった根拠はない。韓国が挙げている根拠は、ことごとく反論されている。

また、「日本の侵略の犠牲となった最初の領土」とはどのような意味かと言えば、1905年の明治政府による竹島領土編入を、1910年の日韓併合に結び付け、「独島は半島に先駆けて『侵略』された地である」としたことに基づく。

むろん、竹島の領土編入と日韓併合とは全く無関係なのだが、韓国はこの二つを一連のものと見なす論理を創り上げ、「独島も侵略された地」「韓国の武力占拠は侵略されたものを取り返しただけ」として、自らの侵略行為を正当化しようとしたのである。

まさに「反正」的指向の表れと言えるだろう。

■忘れられていた竹島問題

韓国による竹島の不法占拠以来、日本は島の領有ができないどころか、周辺水域での漁業にも支障を来していた。そのため、竹島の地元である島根県は、日本政府に対し積極的に領土問題の解消を求め、平和的・外交的手段による解決を強く訴えてもきた。

その島根県が「竹島の日」条例を制定して、領土権の確立を求めることになったのは、1994年に国連の海洋法条約が発効し、98年末に新たな「日韓漁業協定」が結ばれたからである。

だが、この日韓漁業協定は日本、島根の漁業にとってはマイナスでしかなかった。日本海の好漁場である大和堆《やまとたい》が共同管理水域に含まれたうえ、日本漁船は竹島の周囲12カイリ内で漁労活動ができなかったからだ。そのため、数年とたたないうちに韓国漁船による違法操業が行われ、大和堆は「乱獲の海」と化してしまった。

しかも韓国政府は、1996年2月に竹島に接岸施設の建設を始めると発表。竹島占拠の強化と国連の海洋法条約の発効により、排他的経済水域の基点にしようとしていることは明らかだった。

この時、日本政府は韓国側に抗議したが、反発が強まると1998年、竹島問題を棚上げして「日韓漁業協定」を結び、竹島周辺に暫定水域が制定されたのである。つまり、日本政府は表向き、韓国による「竹島占拠」を強める動きに抗議はしたものの、結局は漁業協定を結び、さらには日本の漁船は竹島に近づけず、大和堆では経済的に大打撃を受けることになったのである。

にもかかわらず日本では政官民全体で竹島問題に対する関心が薄く、風化の一途をたどりつつあった。「日韓関係」の中でも竹島問題が全国的にホットな話題となる昨今とは、全く状況は違っていたのである。

1965年の日韓国交正常化以降、漁業権の問題以外ではほとんど論じられることはなく、忘れられた存在だった竹島問題への注目度が一変したのは、2005年、島根県が「竹島の日」条例を制定してからだ。

第1章

島根県VS韓国

■「竹島問題で、日本は韓国に勝てる」

2005年3月、島根県議会は、竹島の「領土権の確立」を求め、「竹島の日」条例を制定した。

島根県では、1998年に日韓両政府が結んだ「日韓漁業協定」に対する不満が、協定締結以降高まっていた。竹島問題を棚上げにしたうえ、日本漁船は竹島周辺海域から追い出され、好漁場では、韓国漁船による違法漁撈が続いていたからである。

そのため、島根県では条例の制定に先立ち、2002年の段階で島根県議会有志が超党派の竹島領土権確立島根県議会議員連盟を発足。翌年11月には竹島の地元・西郷町（現在、隠岐の島町）で

竹島の全景　写真／EPA＝時事

大規模な県民大会を開催した。その大会に呼ばれた筆者は、講演の中で「竹島問題では韓国に勝てる」と述べた。韓国側が「独島は韓国領である」と主張する歴史的根拠も、文献が正確に読めていなかったからである。

その晩、澄田信義知事はじめ県会議員との酒宴で、竹島問題の解決を誓い合った。それが２００５年３月の「竹島の日を定める条例」の成立に結び付いたのである。

島根県議会が２００５年に「竹島の日」条例を定めたのは、その年が、竹島が島根県に編入された１９０５年から１００周年の節目に当たるからだ。「竹島の日」を２月22日としたのは、１９０５年１月28日の閣議決定に基づき、竹島が島根県隠岐島司の所管とされ、島根県知事の松永武吉が「島根県告示第40号」をもって隠岐島司の所管として公示した日が、２月22日だったからである。

この２００５年は、折から日韓の国交正常化40周年に当たり、日韓両国政府は「日韓友情年」としていたため、日本政府は「竹島の日」条例の制定には批判的であった。

だが島根県としては、韓国政府によって日本の国家主権を侵されている事実を問題とし、国が動かないなら、自分たちがやるしかないという思いだった。

当時の朝日新聞・地方版の記事が、その時の雰囲気をよく伝えている。

〈(「竹島の日」制定法案の)提案者を代表して登壇した自民党(島根)県連副会長の細田重雄県議が提案理由を説明。竹島は隠岐の島町に属する日本の領土だが、韓国が半世紀も不法占拠しているなどと指摘。「竹島の日を制定するよう国に意見書を出しているが、いまだ動きが見られないため、国が制定するまで県で制定し、県民らの理解と関心を深めたい」と声を張り上げた〉

〈議場の83人分の傍聴席は普段、傍聴者はまばらだが、この日は県民や韓国の報道関係者らで満席。入れなかった県民ら約20人は、本庁舎1階にある県民室のテレビモニターで様子を見た。提案説明が終わると、県議や傍聴席の県民らから拍手が湧いた。〉

(朝日新聞、2005年2月24日付、大阪地方版/島根)

■「蛮行」「断交」と韓国側は猛反発

島根県議会が日本政府の制止を振り切り、「竹島の日」条例制定を強行したことは、かねて「日韓間に領土問題は存在しない」とうそぶいてきた韓国側にはとりわけ大きな衝撃を与えた。

中でも最も強く反発したのが、島根県と姉妹都市提携を結んでいた慶尚北道で、道庁の反応は予想を超える激しいものだった。条例可決のその日、直ちに李義根知事名で次のような声明が発せられたのである。

〈このような島根県の挑発的な行為は、地方政府間の外交関係においても例のない蛮行であり、主権国家に対する挑戦行為として当然糾弾すべきである。（中略）本日このような妄動を犯したことは、これ以上友好・信頼関係を維持する意志がないものとして姉妹縁組を撤回し、島根県との断交を宣言する〉

断交前、島根県と慶尚北道は職員の相互派遣を行うほどの友好関係にあった。当時、慶尚北道庁に派遣されていた島根県職員は、抗議発表のその日から「出勤停止」を言い渡され、大邱市内の自宅で「在宅勤務」を強いられる事態になった。

その後も島根県と慶尚北道は、断交状態が続いている。

さらに慶尚北道は、10月25日を「独島の日」、10月を「独島の月」と即座に定めている。

この「独島の日」の10月25日は、「大韓帝国勅令41号」(「鬱陵島を鬱島と改称し島監を郡守と改正する件」)を公布した1900年10月25日にちなんでおり、その「勅令第41号」の第2条に、鬱島郡の管轄区域を「鬱陵全島と竹島、石島」としていることによる。ここで言う「竹島」は、鬱陵島の東2キロにある竹嶼のことだ。

韓国側は、もう一つの「石島」が「独島」を指すのだとして、勅令が公布された1900年10月25日を「独島の日」としたのである。

だがその根拠は、薄弱と言うほかないものだ。当時、鬱陵島には全羅道出身者が多く、その全羅道の発音では「石島」と「独島」の発音が近いため、文書では「石島」となっているが、実際には「独島」のことなのだ、というのが根拠であった。

しかし「独島」の文字が文書に登場するのは、1904年以降である。1904年以降に登場する「独島」が、1900年の文書に見える「石島」に影響を与えたとするのは、無理がある。しかも、「発音が近いから」という理由だけでは説得力に欠ける。実際のところ、文書に見える「石島」は鬱陵島の属島である島項を指す。

韓国側は、「勅令第41号」の「石島」が「独島」であることの証明ができておらず、

「石島」が「島項」でないとする証拠を示すこともできていない。にもかかわらず、「勅令第41号」を根拠に「独島の日」を決めてしまったのである。

■「竹島の日」制定は、第二の侵略だ

さらに２００５年3月23日、盧《ノ》武《ム》鉉《ヒョン》大統領も「竹島の日」制定を「第二の侵略」と厳しく批判した。

〈日本は露日戦争中に独島を自国の領土として編入した。それは武力で独島を強奪したことだ。日本の島根県が「竹島の日」を宣言した2月22日は、百年前、日本が独島を自国の領土として編入したその日である。それはまさに過去の侵略を正当化し、大韓民国の独立を否定する行為である〉（「韓日関係に関連して国民に伝える文」）

１９５４年の覚書同様、日本が国際法に基づいて竹島を日本領とした事実を、日本の侵略的行為として非難している。この物言いは、韓国側が武力で竹島を占拠している行為を正当化するための詭弁《きべん》である。が、歴史の事実を知らないものには、それが理解で

きない。

また、当時外交通商部（外務省）長官だった潘基文《パンギムン》も「独島問題は日韓関係よりも上位概念」と位置づけた。「日韓条約から40年目の節目」だとして友好関係を優先し、そのために「竹島の日」条例制定にストップをかけた日本とは全く違う姿勢を示していた。

韓国政府は即座に対応策を練り、「竹島の日」条例制定直後に「歴史・独島問題を長期的・総合的・体系的に担当できる専門機関の設置」を指示したのである。

■〝悪しき伝説〟の朝日新聞「竹島妄想」コラム

韓国側は一様に島根県を激しく批判した一方で、日本のメディアからは島根県を応援するような論調はほとんど聞こえなかった。むしろ日本政府と同様、「竹島の日」の制定によって、韓国との外交関係に支障が生じたことや、交流事業が滞ったことに対する懸念の声を紹介するものがほとんどであった。

「竹島の日」条例制定を受けて書かれた論説の中で今も〝悪しき伝説〟として語り継が

れているのが、朝日新聞の論説主幹（当時）、若宮啓文氏の〈竹島と独島　これを「友情島」に…の夢想〉と題する２００５年３月27日付のコラムだ。少々長いがご紹介したい。

〈それは、嵐の中に飛び込むようなものだった。島根県が「竹島の日」条例を定めて間もない（２００５年３月）18日、日本批判が燃えさかる韓国を訪れたのだ。〉

〈日の丸が焼かれる。抗議のために指を詰める。「日本人お断り」のゴルフ場が現れる。「竹島の日」に対抗して「対馬の日」を定めようとの自治体まで出てくる。韓国政府は「断固対処」の対日新原則を発表し、やがて盧武鉉大統領は「外交戦争」と言い出す。出版会こそ無事に終わったものの、私の心は晴れないままだ。〉

〈さらに目を広げれば、日本は周辺国と摩擦ばかりを抱えている。

中国との間では首相の靖国神社参拝がノドに刺さったトゲだし、尖閣諸島や排他的経済水域の争いも厄介だ。領土争いなら、北方四島がロシアに奪われたまま交渉は一向に進まない。そこに竹島だ。あっちもこっちも、何とまあ「戦線」の広いことか。

そこで思うのは、せめて日韓をがっちり固められないかということだ。

例えば竹島を日韓の共同管理にできればいいが、韓国が応じるとは思えない。ならば、いっそのこと島を譲ってしまったら、と夢想する。

見返りに韓国はこの英断をたたえ、島を「友情島」と呼ぶ。周辺の漁業権を将来にわたって日本に認めることを約束、ほかの領土問題では日本を全面的に支持する。ＦＴＡ交渉も一気にまとめ、日韓連携に弾みをつける――。

島を放棄と言えば「国賊」批判が目に浮かぶが、いくら威勢がよくても戦争できるわけでなく、島を取り返せる見込みはない。もともと漁業のほかに価値が乏しい無人島だ。元住民が返還を悲願とする北方四島や、戦略価値が高い尖閣諸島とは違う。

やがて「併合１００年」の節目がくる。ここで仰天の度量を見せ、損して得をとる策はないものか。いやいや、そんな芸当のできる国でなし、だからこれは夢想に過ぎないのである。〉（朝日新聞、２００5年3月27日付）

「夢想に過ぎない」と予防線を張りながら書かれたこのコラムは、竹島問題に対する歴史的知見を欠いており、「夢想」どころか国家主権の何たるかを知らぬ者の「妄想」である。

こうした主張が理由で若宮啓文氏は、韓国では「良心的な日本人」として遇され、しばしば招請されて彼の地で講演を行っている。だが朝日新聞の主筆ともあろう者が、「いっそのこと島を譲ってしまえば」「漁業のほかに価値のない無人島」などと無責任な主張をするのは、竹島の領土権確立を叫ぶ地元の思いを無下にする論調という以前に、竹島問題についての歴史的理解が足りない。

竹島を武力で占拠され、国際ルールを無視し続ける暴挙に対して、日本側から「共同管理しよう」と申し出たりするのは、はっきり言って破廉恥である。領土問題には「ウインウイン」や「間を取って」といった解決法はないからだ。

同じく国家主権が侵されている拉致問題で考えれば、誰にでも分かることである。拉致された日本国民の一部の方だけを帰せばそれで解決ということではない。国家主権に関する問題は、「ゼロサム」しかないのだ。

この種のコラムが、朝日新聞社内でも「保守」で鳴らしてきた記者の筆から出てくるのだから驚く外はない。この見識を欠いたコラムは韓国側を喜ばせただけでなく、「竹島の日」の制定に関わった者たちを唖然《あぜん》とさせた。

■日本政府も外務省も条例制定を妨害

　だが、竹島の領土権確立を求めた島根県に冷淡だったのは、朝日新聞などのいわゆる左派人士ばかりではなかった。政権与党の自民党と小泉純一郎政権は、「竹島の日」条例の制定を阻止するため、島根県議会にファックスを送って、圧力を加えてきた。外務省の高官などは「実効的には何の意味もないことを県民感情だけで決めるのは、率直に言っていかがなものか」とまで述べている。

　先にも触れたように、政府や外務省にとって、2005年は日韓国交正常化から40年の節目に当たり、領土問題の解決よりも日韓両政府が共同で実施する「日韓友情の年」の記念行事の円滑な遂行を優先したかったのだろう。

　一方で日本政府は、島根県議会の動きに反対はしながらも、この頃から竹島問題に対する姿勢を変化させつつあった。例えば、外務省の竹島問題関連のウェブサイトは、それまで韓国側の主張と日本側の主張を併記していたが、「竹島は日本の固有領土」とし、「韓国が不法占拠している」と書き換えている。

するとその波は文科省にも波及し、２００６年度版の『地理』と『公民』の教科書に竹島問題を記載するものが出てきて、「竹島は日本の固有領土」であり、「韓国が不法占拠している」と記載したのである。

以降も島根県の孤軍奮闘の状態は続くのだが、このように日本政府による島根県の後追いも見られるようになった。

地元選出の自民党国会議員は、あえて中立を保つことで、暗に島根県議会を支持することになったが、これと対照的だったのが民主党である。条例制定に際して、民主党の県会議員は明確に否定的であった。詳しくは第2章で述べるが、後に政権の座に就く民主党議員らの領土意識は、惨憺《さんたん》たるものだった。

その一方で、島根県が「竹島の日」条例を成立させたことで、日本国民の間に竹島問題に対する関心が次第に高まっていった。

■韓国側と学術的に戦う組織・「島根県竹島問題研究会」の発足

島根県が設置した「島根県竹島問題研究会」が活動を開始したのは、2005年6月のことだ。「竹島の日」条例に基づいて、県議会が島根県直結の研究会として開設したものだ。研究会の目的は「竹島問題に関する客観的な研究を深め、国民世論啓発に資するため」であり、今日にいたるまでその趣旨に沿った研究活動を進め、韓国側の研究機関との論争も続けている。

これは従来の日本には見られないケースと言えるだろう。地方自治体が国に先んじて専門の研究会を作り、その知見を蓄積し、隣国の研究機関とも渡り合ったことから、国もその動きや影響を無視できなくなったのである。何より、膠着状態にあった竹島問題を顕在化させたという点では、韓国側も竹島問題研究会の存在を無視できなくなっている。

2020年現在、竹島問題研究会は第4期までの活動を終えており、隔年で『中間報告書』と『最終報告書』を作成している。2008年2月には、竹島問題研究会が2007年3月に作成した『第1期最終報告書』を外務省が参照し、『竹島問題を理解するための10のポイント』と題した小冊子を刊行している。

この『第1期最終報告書』に対して、韓国からの反応もあった。真っ先に反論を発表したのは「独島本部」という市民団体で、竹島問題研究会の『報告書』について、「独島強奪の詭弁を準備」「虚偽の工作次元の文書」と断言し、竹島問題研究会の調査研究を「今日の独島危機を作り上げたのは、すなわちこれらの邪悪な凶計」と極めて感情的に批判する内容だった。さらには「事実かどうかは問題ではない」「この種のもの（日本側の報告書）が問題だ」などと、冷静さを欠いた非難に終始した。

「独島本部」がなぜここまで感情的になったのかといえば、それまで韓国では日本側からの体系的な批判を受けたことがないため、無菌状態で「独島はわが領土」との思いを強めてきたことによる。韓国側で流布されてきた根拠をことごとくつぶした『報告書』の内容は、韓国にとってそれだけ衝撃的だったということである。

「独島本部」は、韓国側が竹島に戸籍を移し始めたのに対抗して、日本側も同様の動きを見せたことに反発し、在野の団体を糾合して抗議の新聞広告を掲載したのが始まりとされている。２０００年には韓国労総、民主労総、宗教界、民族運動団体、社会運動団体など50余りの組織が参画して、「独島探し運動本部」を発足。活動内容は攻撃的で、市民団体でありながら頻繁に学術討論会を開催し、日韓漁業協定の破棄を訴えるなど、一時は大きな影響力を発揮するまでになった。

■韓国政府は迅速に「東北アジア歴史財団」を創設

韓国政府も島根県の「竹島の日」条例制定に迅速な対応を見せ、後に竹島問題研究会と論争することになる組織を立ち上げた。「竹島の日」制定を「過去の侵略の正当化」と非難した盧武鉉大統領は、条例成立の1週間ほど前に「東北アジアの平和のための正しい歴史定立企画団の設置及び運営に関する規定」を定めている。

さらに条例制定後の2005年4月には、早くも「東北アジア歴史財団」の前身となる「東北アジアの平和のための正しい歴史定立企画団」を発足、『日本軍部の独島侵奪史』『独島資料集Ⅰ』『独島論文翻訳選Ⅰ・Ⅱ』などの刊行を急いだ。

こうした刊行物には、韓国側の主張に肯定的な日本人の論考を韓国語に翻訳したものも収録されている。これは韓国がよく取る「夷をもって夷を制す」という戦術だ。これは『後漢書』などに出てくるが「外国や異民族同士を争わせて、自国の手を煩わせずして利益を得る」ことを指す。

韓国寄りの日本人を「良心的日本人」として扱い、韓国の意に反する主張をする竹島問題研究会や日本政府の主張を牽制する論拠に使うのである。こうした「良心的日本人」たちの主張や働きについては、第3章で詳述する。

このほかにも、韓国は官民を挙げて、日本側の主張に反論してきた。韓国の「独島調査研究学会」は、外務省刊行の『竹島問題を理解するための10のポイント』に対し、『日本外務省竹島問題の概要批判』を出版して反論を試みた。

韓国側は島根県であれ、日本政府・外務省であれ、竹島を日本領とするものには、徹底して反論するのである。だが残念なことに、日本政府から韓国の諸団体への反論はなされなかった。これを放置することはできない、と判断した竹島問題研究会が外務省に代わって反論したところ、今度は東北アジア歴史財団が『日本人が知らない10のポイント』を発表、さらにその改訂版を刊行して、改めて反論してきたのだ。

それでも日本の外務省は沈黙していた。この種の外交懸案に対処できる研究機関がないせいだろう。そこで、竹島問題研究会は、韓国側の『日本人が知らない10のポイント』のうち、歴史的領域に関してだけ反論しておいた。タイトルは『韓国人が知らない10の独島の虚偽』とした。

韓国側が日本政府・外務省の主張に対して反論してきた場合、日本政府・外務省が反論するのが筋だが、していない。そこで代わりに島根県の竹島問題研究会が反論することにしている。日本政府や外務省が反論しなければ、韓国側では「日本政府や外務省は『反論できない』のだ」と錯覚してしまう。そのため韓国側では、竹島問題研究会から反論されると、外務省を批判することで争点をずらしてしまうのである。

■竹島研究会メンバーはボランティアで活動している

島根県の竹島問題研究会は、竹島問題に関連する調査と研究を行い、韓国側からの外務省に対する反論に再反論を行うなど、「日韓竹島論争」の主要演者であるが、研究会のメンバーのほとんどがボランティアで活動を行っている。

名称こそ「島根県竹島問題研究会」と立派だが、年に5、6回ほど、島根県に集まって意見交換するのが全てである。

本来ならこの種の研究活動は政府が主催しなければならない。だが、日本には領土問題のような国家主権に関わる問題に対処する研究機関がないのだ。だから反論しないのであり、反論しないから、韓国側はますます海外広報を活発にするのである。

その点で竹島問題研究会が発足したことはありがたいことであった。筆者はこの研究会の1期から4期までの座長を務めたが、日本各地から委員として参席され、研究成果を発表される方々には常に感謝している。研究は一人ではできないからである。

だがその研究環境は、整っているとは言い難い。第2章でも扱うが、国家予算が付き、研究・啓発・教育・国際宣伝まで担う韓国側の東北アジア歴史財団と比べれば、日本の環境は雲泥の差がある。

ある時、韓国のテレビ放送局が筆者の所にインタビューに訪れた際、記者から「先生は日本政府から1億円ほどもらっているのですか」と質問されたことがある。

筆者個人としては、日本政府から研究支援を受けてはいないが、竹島問題研究会の活動は、韓国側からは「1億円に値する」と映ったのである。

事実、竹島問題研究会の『報告書』に対しては、韓国側から〝活発な〟反論が寄せられている。東北アジア歴史財団はもとより、慶尚北道の「独島史料研究会」、嶺南大学校の「独島研究所」などが次々と反応を見せているが、これは、竹島問題研究会が韓国側の主張に対する批判を行い、無視できないからである。

単に日本側の主張を繰り返すだけでなく、相手の主張の誤りを批判することで、相手からも反論があり、応酬が成立しているのだ。

これは望ましい傾向で、韓国側の反論にはそもそも理がないため、再反論することで韓国側の主張はどんどん狭められ、無理筋な理論で押し通そうとし、こちらの反論のポイントをずらしてきたりする。それによって、韓国にとってどの部分への言及が効くのか、その弱点が見えてくるのである。

■『100問100答』刊行が招いた韓国側の〝オウンゴール〟

こうした応酬の決定打となる出来事もあった。2014年に第3期の島根県竹島問題研究会が月刊誌『WiLL』(ワック)の3月増刊号として刊行した『竹島問題100問100答』を巡る韓国とのやりとりである。これによって、竹島問題研究会の竹島研究が、一応、体系化されたからだ。

本書が編纂《へんさん》されることになったのは、それまでに島根県に寄せられていた一般の方々からの質問や、韓国の主張に対する反論などを一問一答の形でまとめようとの声が上がったためであった。現在進行形の問題から、江戸時代にさかのぼる竹島論争の発端、歴史的な史料や古地図の読み方、島根県における「竹島啓発」の取り組みや、国際法の分野に至るまで、幅広い問題をカバーするもので、その出版部数は3万部に達するなど、大きな反響を呼んだ。

『100問100答』の発刊は、韓国側にとっても大きな衝撃だったようだ。

発刊から4カ月余りたったころ、慶尚北道庁内の「独島史料研究会」が『竹島問題1

00問100答』を批判した『「竹島問題100問100答」に対する批判』（以下『反論書』）を刊行。当初、その『反論書』の出版部数は200部を予定していたが、反響が大きかったことから慶尚北道庁が運営する「慶尚北道サイバー独島」サイト内にもその全文を掲載することになった。

だがこの『反論書』の掲載に関しては、むしろ独島史料研究会に感謝しなければならない出来事があった。独島史料研究会が、問答形式の『竹島問題100問100答』を全文韓国語訳して、竹島問題研究会の見解を韓国内に紹介してくれたからだ。

これまで日本側の主張を目にしたことがないまま、韓国側の言い分だけを吸収して育った韓国の若者たちや、「独島は韓国領である」との前提で演繹《えんえき》的に主張を展開している学者や政治家などが、直接日本側の主張に触れる機会となったからである。

しかも、『反論書』を読めば分かるように、独島史料研究会の反論は反論のレベルに達していない。これは「独島は韓国領」と思い込んでいた韓国側の人々を疑心暗鬼にさせ、むしろ韓国側にとって危険極まりないものだったのである。

筆者がその事実を明らかにし、〝独島史料研究会のオウンゴール〟と評したところ、その『反論書』は、突如、「慶尚北道サイバー独島」サイト内から削除されてしまった。おそらく独島史料研究会は、『反論書』が不都合な研究成果であることに気が付いたのであろう。現在、その「慶尚北道サイバー独島」サイト内には『反論書』の痕跡すら確認できない。

『反論書』前文で、慶尚北道独島史料研究会の金柄烈会長はこのように述べていた。当時、金柄烈会長は国防大学校の国際関係学部教授であり、かつて筆者と論争したことのある人物でもある。

〈日本は今回また再び『竹島問題１００問１００答』という膨大な内容の冊子を発刊して、多くの人々の耳目を幻惑させている。

これに対し、私たち慶尚北道独島史料研究会では、これを傍観すれば日本人はもちろんわが国の人々までも『竹島問題１００問１００答』に出てくる内容が事実かもしれないという誤解を生じる余地があると考え、これに対する反論を準備することにした。〉

この〝わが国の人々までも『竹島問題１００問１００答』に出てくる内容が事実かもしれないという誤解を生じる余地があると考え〟の部分には、彼らの本音が見え隠れしている。

■「日本のせいでアシカも犠牲に」と大ウソ

『反論書』はどのような内容なのか。分かりやすい例として、竹島問題に関連して浮上した、「独島の『アシカ』絶滅」問題を紹介したい。

韓国側で竹島のアシカに関心が集まったのは、『反論書』が出された後、２０１４年12月に日本の内閣府が「メチのいた島」の動画を公開したことによる。「メチ」とはアシカのことで、「メチのいた島」は島根県在住の杉原由美子さんが描いた同タイトルの絵本が元になっている。

歴史的事実として、竹島が日本領に編入される経緯には、竹島でのアシカ猟が密接に関わっていた。１９０４年、隠岐の中井養三郎は、竹島でアシカ猟をするため竹島の「貸し下げ願い」を明治政府に提出した。それがきっかけとなって、明治政府は竹島を「無主の地」とし、「先占の法理」によって島根県隠岐島司の所管とした。

韓国側の研究では、この竹島の日本領編入を日本による「朝鮮侵略の最初の犠牲」と位置付けているが、それは朝鮮の人々や領土だけでなく、アシカさえも犠牲になったのだとしている。韓国側では、かつて繁殖地であった独島でアシカが絶滅したのは、日本側の乱獲が原因なのだと、日本批判のカードとしたのである。

これに対して、『竹島問題100問100答』では「竹島が韓国に占拠された当時はまだ200頭ほどのアシカが確認されており、アシカを滅亡に追いやったのは韓国側である」とした。

これは韓国側の新聞報道に根拠がある。慶尚毎日新聞（電子版）には、「1950年代半ば、独島に上陸していた独島義勇守備隊の複数から、『当時、アシカは最小限700頭余りが生きていた』との証言を得た」の記事が出ている。

さらに竹島のアシカが絶滅した1970年代に入ってからは、1976年7月26日付の東亜日報が「朝鮮戦争前後の時期には竹島に200～300頭のアシカが生息していたが、1958年以降、韓国の沿岸警備隊がこれを銃撃し、絶滅させた」と報じている。「アシカの海狗腎《かいくじん》（漢方薬）と肉を得るためで、独島を警備していた隊員は、竹島の東島頂上から機関砲を撃ち、射撃訓練をしていた」という。さらに竹島のアシカを絶滅に追いやった決定的要因は、「竹島周辺ではイカ漁などの漁業が盛んになり、夜間、集魚灯近くにアシカが出現すると、猟師たちがアシカを追い払った」からだとしている。

竹島のアシカが絶滅したのは、韓国が竹島を不法占拠してからで、そのことは韓国の新聞各紙が報じてもいる。「独島のアシカは日本が絶滅させた」と主張するのは、「独島史料研究会」が自分たちにとって不都合な史料を無視しているからである。

これに対し、独島史料研究会の『反論書』では、「韓国ではアシカの脂は採取せず、皮も使わない、よって竹島のアシカを絶滅に追い込んだのはやはり日本側だ」と反論したのである。

だが、この反論は論点がずれている上に、事実関係にも誤りがある。

松浦武四郎の『竹島雑誌』（1871年刊）によれば、「朝鮮人これを猟せば」「脂を得る」としており、朝鮮時代の著名な医学書である『東医宝鑑』では、アシカは精力剤として珍重され、「甚だ貴く得難」かったという。韓国人もアシカ猟は行っていたのだ。

2012年8月19日付の中央日報が、「独島守備隊が武器を調達する際、釜山のヤンキー市場に行ってアシカ1頭と引き換えに拳銃と小銃を取得した」と報じている。これも、アシカは「得難い」存在だったからである。

独島史料研究会の『反論書』を読むと、文献が正確に読めておらず歴史学の基本である文献批判を怠って、文献を恣意的に解釈したものが多い。「韓国にとって都合がいいものを見つける」ことには熱心だが、それが「日本の主張を覆すことのできる史料や文献なのかを確認する」という作業を怠っている。

こうした内容の『反論書』と、韓国語訳された『竹島問題100問100答』とを比較して読めば、自ずと韓国側の主張の問題点が見えてくる。

独島史料研究会が『反論書』をサイトから削除したのは、事の重大性に気が付いたからであろう。

こうして島根県竹島問題研究会が、『反論書』に対してあらためて反駁《はんばく》したところ、独島史料研究会は、今度は『竹島問題100問100答』からの引用は極力控え、竹島問題研究会の見解を曲解しながら、反論のための反論を展開し始めた。

その内容は『批判Ⅱ』として慶尚北道のサイトで公開されているが、『批判Ⅰ』は存在せず、『批判Ⅱ』だけが掲載されていて、不自然極まりない状況にある。しかも『批判Ⅱ』では、『竹島問題100問100答』からの直接の引用ではなく、自分たちで引用内容を書き換えているので、竹島問題研究会側の見解を確認することができなくなってしまった。これは自らの解釈の誤りを指摘されない形で公開したからだ。

当然、この『批判Ⅱ』に対しても、竹島問題研究会の第4期の『最終報告書』で反論しておいた。その際、『反論書』の公開を再度、要請してもいる。

もちろん、自ら墓穴を掘ることを自覚している慶尚北道は『反論書』を公開することはない。

■「日本の子供に嘘を教えないで!」韓国人中学生からの手紙

こうした「独島は韓国固有の領土である」という前提に従い、学術的な考察を行わない韓国側の姿勢の弊害は、子供たちにも及んでいる。

韓国では文化教育部が2011年2月、「小中高等学校独島教育の内容体系」を公表して以来、実践的な教育がなされている。その一つの活動が、日本の中学校などに手紙を送る運動である。

最初は2017年6月、島根県内の地理歴史科の教師宛てに、韓国のH中学校の歴史クラブに所属する生徒3名から手紙が届いた。その内容は次のようなものだった。

〈最近、「新しい学習指導要領で、日本政府は独島を日本の固有の領土だと表記した」「日本政府がうその主張をしている」「学校で小学生と中学生に間違った事実を教えている」という残念な話を聞きました〉

〈日本政府が歪曲して主張していることだけを受け入れるのではなく、実際の歴史に近づく努力をしてください〉

〈韓国と日本の未来の世代である生徒たちが正しい歴史を学び、これを通して両国間の不幸な歴史を清算し、相互協力の明るい未来を開いていくことを私たちは希望しています〉

〈独島は日本が朝鮮半島を侵略する過程で、最初に奪い取られた領土〉

〈独島に対する権利の主張は、日本帝国主義の侵略戦争により占領した領土の権利を主

張することで、それは韓国の独立を否定する行為〉

〈日本帝国主義の侵略戦争と虐殺、その上、慰安婦を動員した犯罪の歴史の正当性を主張する行為〉

〈私たちは日本に謝罪を要求するものではなく、言葉で謝罪したことを、行動で実践してほしい〉

〈先生方は独島と関連する歴史的事実をよく知らない日本の生徒たちに正しい歴史を教えていただくようお願いします〉

中学生が書いたものとは思えないほど、理路整然としている。これをもらった島根県内の先生方もだいぶお困りになられたことであろう。

ここで述べられている内容は、韓国で2012年から始まった独島教育の副読本の記述、そのままである。

副読本は「東北アジア歴史財団」が小中高生用に編集した『独島を正しく知る』。その教育目的は「日本人に独島が韓国領であることを説明する」こととしている。この目的に従い、中学生たちは島根県の教師宛てに手紙を送ってきたのである。

これではどちらが竹島を侵奪されたのか、分からなくなってしまうが、自国の子供たちに「独島は韓国領である」ことを教え込むだけでなく、日本人にもその思想を浸透させる韓国の意図は見逃せない。

■実践的独島教育の〝成果〟

このH中学校の件は、島根県内の複数のメディアと全国紙の地方版で取り上げられた。地元紙の山陰中央新報（２０１７年6月9日付）が「竹島教育批判の手紙　島根56中学に韓国生徒」と報じると、同日夕方にはＮＨＫ松江放送局が「韓国から竹島教育批判の手紙」と放送した。

翌日、朝日新聞などの地方版でも報じられると、6月12日付の韓国の中央日報も、「独島の歴史を歪曲する教育はやめて。島根県に手紙を書いた中学生たち」と報じた。

さらに12日、朝日新聞の記者が現地のH中学校を訪れ、中学生とその指導教諭の金先生に取材している。

その朝日新聞が同年6月14日に伝えたところによると、中学生たちは「今年3月ごろ、日本の小・中学校の学習指導要領改訂案で竹島が『わが国の固有の領土』と初めて明記されたとニュースで知り、『誤った歴史を日本の中学生たちが学ばされる』と危機感を持ち、歴史地理の教員宛てに手紙を書くことを思いついた」と語ったという。

同席した金先生も「手紙の内容は生徒たちが調べた結果」で、「学校での教育内容そのものではない」と説明したと報じているが、朝日新聞が報じた内容は事実とは異なっていた。

金先生は、中央日報のキム・ホ記者のインタビューに、「手紙を日本にいる先生たちに送る作業と、日本にいる我々中学生の友達、日本の中学生の友達に送る映像形式の手紙にする作業を、今行っている」と答えているからだ。教師が内容を把握し、教育の一環として行なっていることは明らかである。

また、中学生の一人は「過去に体験学習で独島に行き、独島義勇守備隊の人々と話しもして、独島問題に対する認識が広がればよいと考えた」と発言している。

韓国では、政府や地方自治体が独島教育の環境を整え、積極的に支援しているが、そのことは、Ｈ中学校のホームページでも確認できる。朝日新聞の記者がＨ中学校を訪問した6月12日、同校の図書館では独島義勇守備隊記念事業会による1年生を対象にした「独島義勇守備隊教育」が行われていた。朝日新聞の記事は、その事実を伝えていない。Ｈ中学校のある全羅南道教育庁が２０１５年から予算を確保し、独島授業資料の供給や独島の歴史文化探訪、独島授業実践研究会等を行い、独島教育先導教育支援庁としての役割を果たしていたのである。

■「独島が韓国領であることを、私が教えてあげます」

２０１８年11月、韓国世宗特別自治市のＴ女子中学校から島根県内の中学校に計41通のはがきが届いた。その内容によれば、10月25日の「独島の日」に合わせ、道徳の授業で独島について学び、その成果を日本人に教えるべく送られたものだという。はがきは多くが手書きで、文面は韓国語や英語で書かれているほか、イラストのみのものもあった。

実際の文面を一部紹介しよう。

〈To　島根県○○中学校の友達へ

こんにちは。　私は韓国のT女子中学校に通っている○○○です。　10月25日は「独島の日」なので、こうやって手紙を書いています。

日本と大韓民国がお互いに独島は自国の領土だと言っていますよね。

しかし、歴史的な事実を見れば、どちらの国の領土か分かります。　私が少し教えてあげます。

①独島は西暦512年、新羅が于山国を服属して以来我々の領土です。

②1877年、日本明治政府の太政官指令でも鬱陵島・独島が日本と関係ないと認めています。

この二つのほかに、まだいくつもありますが簡単に説明しました。

私たちは、日本がそのように考えているのは間違っているのではないか、独島が大韓民国の領土だということを知ってほしいという気持ちです。

さよなら。〉

〈こんにちは。　私の名前は、○○○。　私は韓国の中学校の生徒です。

独島の真実について教えてあげたい。

あなたは独島を知っている？　あなたの国の政府は「独島は日本の領土」と言っている。

でもそれは事実ではない。

第一に、私は、あなたの国の歴史教科書は、歪められていると思う。だから、あなたたちは、独島について間違った情報を学んでいる。

第二に、あなたたちの祖先は、独島は韓国の領土と認めた。

最後に、私たちはそのことについてたくさんの歴史的根拠を持っている。

あなたたちは「市民的不服従」って知っている？

「もし、あなたたちの政府が間違っていたら、市民はそれに逆らうことができる」っていうこと。

あなたたちが本当のことを知れば、あなたたちは理解できるでしょうし、あなたたちの政府に逆らうかもしれない。

独島は韓国の領土。

読んでくれてありがとう。〉

このT女子中学校から届いたはがきも、その内容は「独島は韓国のものであり、日本の教育は間違っている」とするものだった。さらに2019年2月には、城南市のS中学校からも島根県内の学校宛てに手紙が届いた。これも「東北アジア歴史財団」が編集した独島教育の副教材を参考にして書かれたものであった。

これまで手紙を島根県に送ってくれたT女子中学校やS中学校に、筆者は「島根県竹島問題研究会」の座長名義で礼状を送り、中学生諸君が見落としている歴史の事実と、それに対する意見を求めている。

しかしT女子中学校からも、S中学校からも返信はなかった。おそらく筆者の手紙は、手紙やはがきを書いてくれた中学生たちには届かなかったのだろう。

■子供たちから「学ぶ機会を奪う」韓国の独島刷り込み教育

そう考えるのは、筆者にはこんな経験もあるからだ。2020年4月には、〝韓国の中学生〟から、「独島は韓国領」とする抗議のメールが島根県庁に送付された。相手のアドレスが分かったので、送り主には逐一、主張の誤りを指摘する返信を送った。すると送り主は、「自分は一般人だ」と中学生を騙《かた》ったことを明かし、「韓国政府が『独島は韓国領』とする論理は間違っていた」と認めたのである。

きちんと反論し、丁寧にこちらの主張を説けば、韓国側の主張と比べてどちらが筋が通っているか、分かるはずなのである。

だが残念なことに韓国ではそうした本来の学習の機会を奪った上、青少年を使って、プロパガンダを行わせている。それも韓国の政策提言機関である東北アジア歴史財団が編集した独島教育の副教材を無批判に使うもので、子供たちの史料批判の観点や、リテラシーを育む機会を奪うものでもある。

これは、韓国の子供たちにとってだけでなく、将来の日韓関係を考えても、最悪の事態と言えるだろう。こうした事態を憂い、竹島問題研究会では２０１８年11月、小冊子『韓国の竹島教育の現状とその問題点』を刊行し、韓国の独島教育で使用されている副教材の問題点を明らかにし、韓国側の攻勢に対処する準備を終えている。

■「日本人に『独島は韓国領』と分からせる」のが教育目標

韓国の文化教育部は2011年、「小中高等学校独島教育の内容体系」を公表して、独島教育の方針を定めた。さらに文化教育部傘下の東北アジア歴史財団では12月、小中高校生を対象とした副教材を開発し、教師用の指導案を作成した。

一方、日本の文部科学省が竹島問題を「『学習指導要領』案」に載せたのは2017年、平成29年度版が初めてのこととなる。

韓国側の対処は早く、その翌月には2017年度版の『独島を正しく知る』(小中高生用)を公開した。まさに「巧遅は拙速にしかず」の見本とも言うべき迅速な対処だった。

しかも、韓国の独島教育の趣旨は一貫しており、先にも触れたように「日本人に説明できること」を目的にしている。

2011年版の『永遠のわが領土　独島』中学生用にも、次のような記述がある。

〈独島に対する日本の挑発を抑え、独島がわが国の領土である認識を日本はもちろんのこと、国際社会に拡散させるためには、まず我々が独島に対して、正しく知らなければ

ならない。事実を正しく知れば論理的に主張ができ、相手方を説得することができるからだ〉

〈日本の挑発に効果的に処置するためには、我々も日本以上に緻密で持続的な方法で対応しなければならない〉

韓国の中学生が島根県内の中学校に手紙を送ったのも、その教育方針に沿った実践例である。

２０１１年版の『独島を正しく知る』（高校生用）の巻頭でも、学習者を次のように鼓舞している。

〈日本は韓国を植民地化する過程で独島を強奪したことがあり、解放後から今まで、独島を自国の領土だとして強弁している。また最近では日本の次の世代を担う小中高校生たちは、独島は日本の領土だとする教育を受けている。

しかし独島は大韓民国固有の領土であり、独立と主権の象徴である。そこで我々はやむなく「独島は日本の領土」という教育を受けて育った日本人に対して、独島が韓国の領土であるということを歴史的、国際法的に、そして地理的に説明しなければならない

状況に置かれていると言わざるを得ない〉

こうした目的に基づき、韓国では毎年4月と10月を「独島教育月間」として副読本などを使って知識を教え込んでいる。独島問題に対する理論武装に余念がないのだ。

2019年には東北アジア歴史財団が『独島体験活動誌』と『自己主導型、私たちが作っていく独島』を編集し、小中高校生に実践的な活動を求めている。

その教育法も、小学校低学年では独島の塗り絵や工作を、中学生ではネットで調べて副教材で情報を確認し、自らコンテンツを作る授業を行っている。高校生になると更に精度が高まり、独島を総合的、俯瞰的に学んだ後、映像や広告物を作り、それをSNSに公開することを求めている。

この実践的な韓国政府の教育方針は、日本の教育現場を混乱させることになる。相手の目的、戦略を知らずして、単に「竹島は日本領である」ことだけを知っていても、韓国側の主張に何ら対応ができないからだ。

韓国側の動きに対処するためには、韓国では「独島はわが領土」とする前提で教育が行なわれ、小中高生を独島広報の先兵として動員していることも知っておく必要があるだろう。

子供たちを動員するのは、なにも韓国政府ばかりではない。民間の市民団体を名乗る組織でも、政府の支援を受けながら活動を続けている。

■青少年の動員は韓国の伝統

韓国では、伝統的に市民団体と称する「政治組織」が活動している。それを象徴的に示しているのがVANK（Voluntary Agency Network of Korea）の活動である。

VANKは1999年、韓国文化を内外に知らせる運動をするため発足。別名を「サイバー外交使節団」と言い、団長は朴起台氏が務めている。その会員数は15万人といわれ、韓国政府の支援を受け、国策に沿った活動をしている。その活動が活発化したのは、2005年、島根県が「竹島の日」条例を制定したことに対し、「ディスカウント・ジャパン」と呼ばれる日本の評判を貶《おとし》める運動を始めてからである。

VANKは、2009年、慶尚北道と連携して、「サイバー独島士官学校」を開設。

韓国側の主張の拡散に努めている。

その活動は竹島問題に限らない。第5章で扱う「東海」の表記問題でも、青少年を動員して、グーグルやナショナルジオグラフィックなどに抗議のメールを送らせ、その書き換えを求めてきた。

こうした行動様式は、大韓帝国時代末期、日本が韓国統監府を設置して、大韓帝国の「施政の改善」に取り組もうとする時にも見られた。儒教教育を続けようとする大人たちは、子供を使って、近代教育に反対したのである。

また、地方政治を支配し、農民たちを収奪していた特権階級では、近代的な徴税制度の導入を阻止するため、農民たちを使って反対運動を煽動していた。韓国の「独島運動」ほか、こうした動きは韓国の伝統的な行動様式に沿ったものなのである。

■「独島愛」を刷り込む韓国、平和的解決を目指す日本

「日本人を説得する」との目標で行われている韓国の独島教育に対し、日本の竹島教育

はどのような現状にあるのか。

日本では２００８年、初めて中学の『学習指導要領解説』で竹島問題を取り上げて以来、２０１４年1月、その一部が改訂された中・高校の『学習指導要領解説』で「竹島はわが領土であり、現在韓国によって不法に占拠されている」と明記された。

その竹島教育が日本の学校教育現場で学習されるのは、２０２０年。それも小学校に限られ、中学校では２０２１年から始まる。

その教育方針は、平成29年度版の『中学校学習指導要領解説社会編』（公民分野）に、次のように書かれている。

〈我が国が、固有の領土である竹島や北方領土に関し残されている問題の平和的な手段による解決に向けて努力していることや、尖閣諸島をめぐり解決すべき領有権の問題は存在していないことなどを取り上げること〉

日本の竹島教育では、「平和的な手段による解決に向けて努力していること」が重要視されるが、韓国では「日本人を説得」し、「世界に韓国の主張を拡散させる」ことが教育の目的であった。韓国の中学生が島根県に手紙を送り、「独島は韓国の領土」とし、

「独島が韓国領であることを教えてあげる」としたのはそのためだ。

しかも序章で取り上げた「独島はわが領土」という愛唱歌のように、「独島は韓国領である」という観念が、世代を超えてその脳裏の中に刷り込まれている。

だが、本来領土問題は、外交的に解決すべきもので、洗脳教育に近い形で幼心に詰め込むものではない。

■「郷土教育」として竹島を扱ってきた島根県

竹島問題研究会は、2020年度から日本でも本格的な竹島教育が始まることを念頭に、2020年3月、小冊子『日韓の中学生が竹島（独島）問題で考えるべきこと』を刊行した。現在、先に出版した『韓国の竹島教育の現状とその問題点』と同様に韓国語訳にして、島根県のサイトで公開中である。

島根県では2005年の「竹島の日」条例制定以前から、竹島教育に取り組んできた。どの都道府県でも地元の歴史をひもとく授業や学習を行っているように、島根県と竹島の古くからの歴史を扱っている。

島根県（隠岐）の人々は、江戸時代には、すでに鬱陵島に渡り、アワビ漁やアシカ猟をしていた。明治時代には竹島が島根県の隠岐島司の所管となって、そこでアシカ猟が行われるようになった。

島根県では、こうした鬱陵島と竹島での漁業の歴史を明らかにして、生徒たちが生活の中で鬱陵島と竹島の歴史が学べるようにしたのである。領土問題ということよりも、竹島を生活圏の一部としていた隠岐の人々の暮らしを知ることに重点を置いている。

島根県の教育委員会が推進する「竹島に関する学習」では、郷土史として竹島の歴史を学び、毎年2月22日の「竹島の日」に合わせて、「島根県竹島・北方領土問題教育者会議」などが主催する「竹島・北方領土問題を考える作文コンクール」の優秀者を表彰することになっている。

その作文コンクールに応募する中学生の多くは、「韓国側にも考えがあり、日本にも意見がある。日韓についてよく勉強したい」と書いている。

この中学生たちに、「竹島は日本の固有の領土である」「韓国が不法占拠している」とだけ教え込み、それを口移しに主張させることは望ましくはない。例え論拠を挙げていたとしても、中学生たちにはその是非が判断できないからだ。

それにこれは最も重要なことだが、竹島問題が領土問題であれ、歴史問題であれ、それは大人たちが解決すべき問題だからだ。

現状のままでは、日韓双方の子供たちはいたずらに敵愾心《てきがいしん》を抱き、教育によって民族的・国家的な対立を助長することになる。

■竹島教育開始をにらんで出された〝竹島関連書籍〟とは

一方、韓国の「東北アジア歴史財団」は、その事態を想定し、日本の竹島教育スタートに先んじて手を打っている。第3章で詳しく触れるが、2007年に韓国側の主張を書いた『史的検証　竹島・独島』を岩波書店から出版している。

さらに「島根県竹島問題研究会」の認知度が高まると、中公新書から池内敏氏の『竹島―もうひとつの日韓関係史』が刊行された。この本では、韓国に留学していた池内氏が韓国側の主張を代弁して、竹島問題研究会を批判している。

これは日本で竹島に関する関心が高まった時、図書館を訪れた日本人が、韓国側の主張に同調することを期待してのことである。日本で竹島教育が始まり、小・中学校の先生が参考として『史的検証　竹島・独島』と『竹島――もうひとつの日韓関係史』を手にすれば教育現場にどのような混乱が起るか、想像がつく。

本来なら、日本側も韓国の独島教育ではどのような副教材が使われ、どのように活用されているのか、事前に把握しておくべきであろう。そこでは「竹島は韓国領であることを日本人に教えてやる」として、実践を奨励している。その現状で、日本の各地の中学校に、島根県内の中学校に送られたような手紙が届いたら、先生方はどう対処するのだろうか。

日本の文部科学省では、「学習指導要領」で竹島教育の指針を示したが、個々の対応は現場の先生方に任されている。その時、島根県の竹島教育は一つのひな型とは言えるが、あくまでも郷土史の延長として取り扱ったものである。教育の趣旨がまったく違っていることに留意せねばならない。

日本の竹島教育は、文部科学省が関与したことで、岐路に立たされているのである。

■「竹島の日」式典で「おめでとうございます」と述べる議員たち

岐路に立たされているのは竹島教育だけではない。

島根県では毎年2月22日、「竹島の日」の式典を松江市内で開催する。この式典は「竹島の領土権確立」を目的として、「竹島問題の啓発」を図るために行われている。これは逆説的に言えば、島根県が「竹島の日」の式典を開催する最終的な目的は、竹島問題を解消し、「竹島の日」をなくすことにある。

ところが、「竹島の日」式典に中央政府から国会議員が出席し、政務官が参席するようになって、「竹島の日」の式典は様変わりした。式典の開催そのものが目的化し、マンネリ化してしまったからだ。

当初、「竹島の日」の式典は、地元選出の国会議員も出席することなく、県内外の有志だけが参加する質素なものだった。しばらく地元選出の国会議員の出席がなかったのは、中央政府が島根県の「竹島の日」に批判的だったからである。

そこで県外選出の女性議員、それも野党議員を講演会にお呼びすると、地元選出の女性議員も「竹島の日」の式典後に開かれるシンポジウム会場に来られるようになった。さらにその翌年からは、別の地元の自民党議員も式典に参加するようになった。

ここまではよかったが、やがて各党の国会議員が参席して、「式典だから」ということなのだろう、演壇で「本日はおめでとうございます」と、挨拶するようになった。だが、式典開催は決してめでたくはないのである。「竹島の領土権」が確立されていないから、この式典が行われている。どうも式典の開催意図が伝わっていないようである。

さらに若手の議員さんということもあるのだろうが、「ともに頑張りましょう」と言う人もいる。こう言われても困ってしまうのが島根県の立場だ。島根県議会が「竹島の日」条例を制定したのは、竹島問題の解決を日本政府や国会議員に陳情しても動かなかったから、やむなく国からの圧力をはねのけて実行したものだ。その歴史を知らずに、のこのこと「竹島の日」式典にやってきてもらっては困るのだ。

■矢面に立とうとしない日本政府の領土・主権対策企画調整室

「竹島の日」式典が最大の転機を迎えたのは、第8回式典が行われた2013年であった。初めて政府代表として島尻安伊子内閣府大臣政務官の出席があったからだ。

この年、竹島を含む領土に関する問題を所管する組織として「領土・主権対策企画調整室」が内閣官房に設置された。

そのため島根県では、「竹島の日」の式典に日本政府を代表して政務官が出席し、内閣官房に領土・主権対策企画調整室が設置されたことで、「竹島問題の前面に政府が立つ」「これでやっと島根県はお役御免だ」と、選手交代できるものと期待していた。

というのも、2013年2月25日、政務官の参席に韓国側が反発し、当時の朴槿恵大統領が「隣国同士の真の友好関係構築に向けては歴史を直視し、過去の傷が癒やされるよう努力して、被害者の苦痛に対する心からの理解が必要である」と発言したことで、日本政府としても相応の対応をするものと考えたからだ。

だが領土・主権対策企画調整室が発足後に始めたのは、竹島や尖閣諸島に関連する資料調査の開始であった。

ここまでに述べた通り、島根県竹島問題研究会は、この時点ですでに韓国側の竹島研究を論破しており、筆者個人としても、竹島のみならず、尖閣諸島が歴史的に中国の領土でなかったことをもすでに実証していた。

にもかかわらず、この期に及んで政府が国内に残る資料収集を始めることに、どのような意味があるのだろうか。韓国や中国と論争し、その中で日本側の史料を調査研究するなら分かるが、調査のための調査では、中韓との論争には勝てない。

なぜこんなことになったのか。それは、２０１３年に設置された領土・主権対策企画調整室が、「国内の情報発信」を主目的として設定されたことの限界である。

その領土・主権対策企画調整室の設置以降、２０２０年まで８年連続で大臣政務官の式典参加が続く中で、いくつかの変化が起こっている。

一つ目は、担当大臣が竹島の地元である島根県隠岐の島町を視察するようになったことだ。それも任期後半になってやって来るのである。これでは優勝を逃したプロ野球チームが、消化試合に臨むのと変わらない。任期最初の視察なら問題点の改善も見込めるが、任期満了直前にやって来られても、何もできずに交代するからである。

さらに言えば、担当大臣が視察に訪れるべき場所は、隠岐諸島ではなく、韓国の鬱陵島であろう。韓国側が何を主張し、どう宣伝や教育を展開しているか知るべきだからだ。

■県民が一体となって協力する島根県の竹島資料室

二つ目は、政府が設置した資料館、展示館の存在だ。

島根県では2007年に「竹島資料室」を開設している。それは2006年の「竹島の日」の式典がきっかけとなって誕生した。当日、講演の際に上代義郎議員（故人）の質問を受け、筆者がそれに答える条件として出したのが「資料室」の設置である。

島根県ではその約束を守り、県庁内の空いている部屋に竹島資料室を開設した。この竹島資料室には優秀な人材が配置され、竹島問題研究会の研究活動にも積極的に協力してくれている。

当時、島根県内には竹島関連の史料を求めて、韓国の研究者たちも来ていた。東京都内の古本屋では、竹島関連の地図などが急に値上がりしたが、それは今も続いている。

竹島資料室には、地元の人が訪れ、先祖代々伝わる古文書や地図が持ち込まれるようになった。それが韓国側を利する証拠になるのではないかと、内心気になっていたようで、それを竹島資料室に持ち込んで評価されると、安心されたようである。

当然、その多くは竹島問題にとって重要なものばかりであった。新しい資料が見つかれば、地元の山陰中央新報をはじめ、中央紙の島根版でも大きく取り上げてくれた。そうなると竹島資料室に、さらに貴重な資料が集まるようになった。中には寄贈又は委託される方もおられ、寄贈者や協力者に対しては島根県が毎年の「竹島の日」式典にお招きし、感謝状を贈っている。

島根県の竹島資料室には自然と研究資料が集まるが、その賃料はタダである。この方式は、政府による「領土・主権展示館」とは大きな違いである。

人口70万に満たない島根県では、竹島関連の予算として年間３０００万円ほどを確保している。日本政府による領土・主権展示館は、現在、都内一等地の虎ノ門に鎮座し、その賃料だけでも島根県の竹島関連予算の３倍近くを支払っている。しかし、だからといって、島根県の竹島問題研究会や竹島資料室と比べて3倍の成果を挙げているとは限らない。

■「竹島の日」条例制定の本当の意味を改めて知るべき

領土問題という政治的案件も、工夫次第では、「日韓の間には領土問題は存在しない」としてきた韓国側を動かし、その主張を論破することもできる。そのことを竹島問題研究会は実践してきたつもりだ。

何より、島根県議会が「竹島の日」条例を制定した背景には、竹島問題の解決は島根県が、という思いがあったからである。

ここまで述べてきたように、竹島問題は、すでに韓国側との歴史論争に決着はついている。そのため韓国側ではカード、つまり論点をすり替えて、対日攻勢をかけるのである。時にそれは慰安婦問題や徴用工問題とも連動し、日本に揺さぶりをかけてくる。しかも相手は「東北アジア歴史財団」という韓国政府が設置した政策提言機関が、戦略的に「歴史戦」を仕掛けてくるのだ。そうした各機関が市民団体や中学生、韓国系米国人（在外同胞）と連動し、プロパガンダ戦に駆り立てているのである。

日本は韓国との「歴史戦」のさなかにありながら、こうした朝鮮半島の伝統的な戦略には無頓着である。そのため「島根県竹島問題研究会」が韓国側のオウンゴールをも誘い、日本が有利に戦える外交カードを作っても、政府・外務省では、それを使いこなすことができないのである。

竹島以外にも、日本には国家主権に関わる問題が多く残されているが、それは相手が巧みなのではなく、日本側に反省すべき点があるからだ。

最後に改めて強調しておきたいが、島根県が「竹島の日」条例を制定した目的は、国が率先して竹島の領土権の確立に努め、それによって「竹島の日」をなくすことにある。これは忘れてはならない。

第2章

日本政府VS韓国政府

■一方的に宣言された「李承晩ライン」と竹島強奪

日韓の間で竹島問題は何故起こったのか。当時の時代状況はどうであったのか。出発点に立ち戻り、検証したい。

序章でも簡単に触れた通り、竹島問題が起こったのは、敗戦国日本が国際社会に復帰する100日ほど前、1945年8月まで日本の植民統治下にあった韓国と日本が、国交正常化交渉に臨もうとしていた時である。1952年1月18日、韓国政府は突如、公海上に「李承晩ライン」(左図)を設定して竹島をその中に含め、竹島の領有権を主張したのだ。

経緯を説明しよう。

戦後、竹島は1946年1月29日の「連合軍最高司令部訓令第677号」で、日本の施政権が及ばない地域に含められていたが、「サンフランシスコ講和条約」の最終案では、朝鮮に帰属する領土から削除されていた。

韓国政府が講和条約の最終案で、竹島が朝鮮領から外された事実を知ったのは195

1年夏。そこで韓国政府は、朝鮮戦争で釜山に避難中の歴史家・崔南善《チェナムソン》の元に法学者でもあった兪鎮午《ユジノ》を送り、「竹島の来歴と対馬島は韓国領か」を尋ねさせている。その時、崔南善は対馬島については首を横に振り、竹島は韓国領とした。その見解を尊重した李

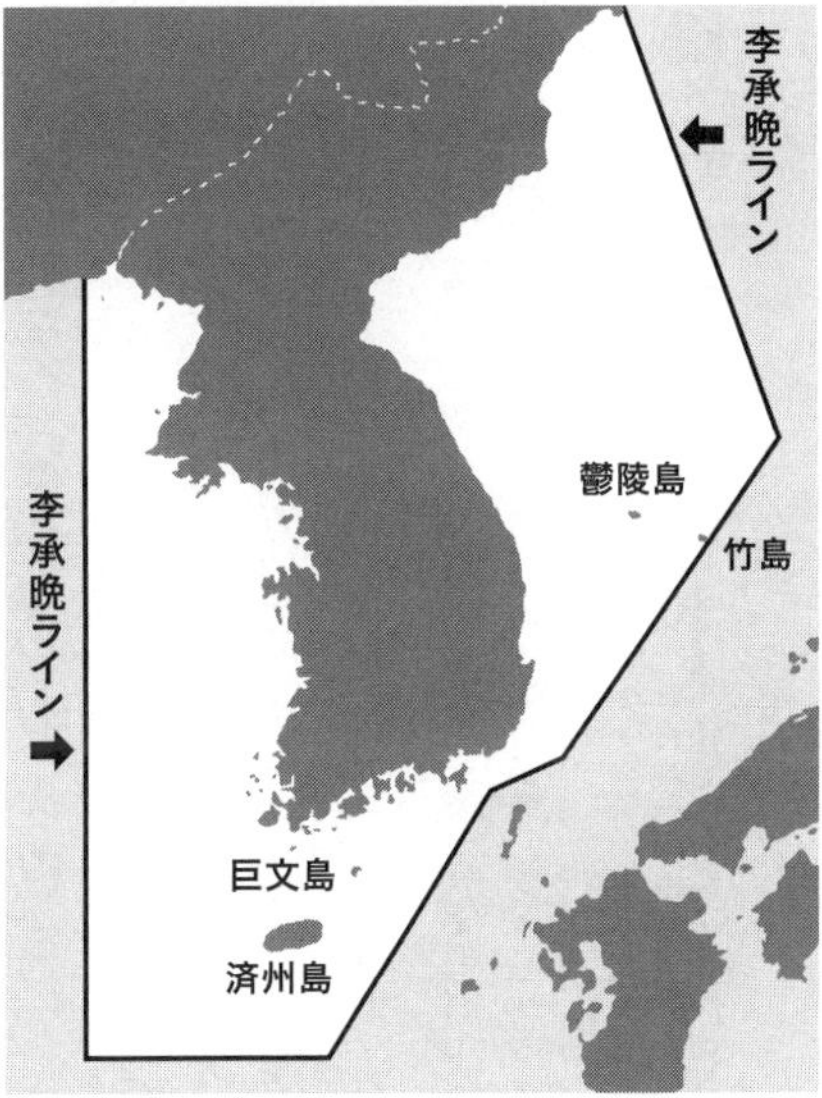

承晩大統領は、竹島を韓国領とすることにしたのだ。

韓国政府はその間、アメリカに対し対日平和条約の中で竹島を韓国領とするよう要望するが、アメリカは「竹島は一度も韓国領であったことはない」としてこれを拒否した（いわゆる「ラスク書簡」）。

1951年9月8日に「サンフランシスコ講和条約」が調印され、竹島が日本領となることも決定的

になった。そこで李承晩大統領は、１９５２年４月28日、「サンフランシスコ講和条約」が発効して、連合国軍の占領下にあった日本が国際社会に復帰し、竹島を日本の施政権の外に置いた「連合軍最高司令部訓令第１０３３号」（いわゆる「マッカーサー・ライン」）が破棄される前に、一方的に「李承晩ライン」を宣言、竹島を韓国領としたのである。

韓国による竹島の不法占拠は１９５３年４月、韓国の民間人が竹島に上陸したことから始まる。これに続き韓国政府は、竹島に国土標職を立てて灯台を設置し、９月には海洋警備隊を常駐させるなどの強硬手段を取った。

■４０００人近い日本人漁船員が抑留・虐待された

さらに韓国政府は、その「李承晩ライン」を越えた日本漁船を拿捕抑留した。１９５３年12月12日、韓国政府は「漁業資源保護法」を定め、その３条では「前条に違反した者は、３年以下の懲役、禁錮または50万ウォン以下の罰金に処す。その所有の船舶、漁具、採捕物、養殖物及び製品を没収する」と規定したのだ。

『日韓漁業対策運動史』（日韓漁業協議会）によると、日韓の国交が正常化する１９６５年までの間に、韓国側に拿捕された日本漁船は３２８隻、抑留された日本人漁船員３９２９名。死傷者は44人に上った。その損害額は総計90億３１００万円に達するとしている。

しかも韓国側に抑留された日本人漁船員に対する処遇は、苛烈を極めていた。『日韓漁業対策運動史』に、次のような記述がある。

〈警備責任者の孫○○（原文ママ）により暴行を受けた抑留者は数多くある。つねに抑留者を圧迫するに手段を選ばず。上部より支給される僅かな薬品も横領し、自由に発信できた留守家族への手紙を月３回に制限し、さらに外国人収容所規則要綱および過酷な日課時限表を指示して、これに違反した者には容赦なく暴行を加えて監禁処分するなど、人道上許すことのできない人間であった。

日用品の支給は何一つなく、僅かに7月まで入所した者に毛布・ズボン・シャツ・パンツ各１枚が貸与された。チリ紙・石鹸その他日用品は差し入れ品で補い、差し入れ品を売却した金で勤務警官に口銭を払って内密で食料の購入を依頼、自炊をして栄養を補給していた。この様子を知った孫は、勤務警官を通じて物品を購入することを禁じ、自分の義姉に所内売店の営業権を与え、市価の2〜3割高で物品を販売して暴利を得ていた〉

この警備責任者の孫某等は後に更迭されたというが、収容所での食事は、「人間の食事ではないことに変わりがなかった」という。

日韓の国交正常化交渉の最中も、公海上に設定された「李承晩ライン」を越えたとして、日本人漁船員たちは拿捕抑留され、悲惨な状況に置かれていたのである。

こうした状況は1951年10月から1965年まで続く日韓国交正常化交渉にも、深刻な影響を与えていく。韓国政府は、拿捕抑留した日本人漁船員の解放を求める日本政府に対して、〝人質外交〟を始めたからだ。

■日本側資産と密航者と引き換えの〝人質〟

〝人質外交〟とはどういう意味だろうか。

もとより、日本との国交正常化交渉に臨む韓国政府には、不安材料があった。朝鮮半島には朝鮮経済の8割にも達する日本側資産が残されていたことと、日本国内には朝鮮半島からのおびただしい数の密航者がいたことの二つが挙げられる。

当時、朝鮮半島には51億5000万ドルから52億5000万ドルともいわれる日本側の在外資産が残されていた。仮にこれが国交正常化以降、日本側に持ち出されることになれば、韓国の経済は成り立たなくなる。そこで韓国政府は、日本政府に財産請求権の放棄を求めるカードとして、拿捕抑留した日本人漁船員たちを使ったのである。

また、『出入国管理白書』によると、1946年から国交正常化が行われる1965年までの間に、検挙された密航者は6万9288人。国外退去者は1万1423名に上っている。これは氷山の一角で、検挙されなかった密航者ははるかに多かった。

特に1948年4月3日、済州島で農民蜂起が起こり、韓国軍等による島民の大量虐殺が行なわれていた。島民の5人に1人が殺され、その数は6万人とも言われる大惨事となり、島民たちは難を逃れて日本に密航したのである。

だがひそかに日本にやって来る人々は、済州島民に限らなかった。朝鮮半島では、戦前から日本に密入国する者が多くいたことから、日本を密航先としたのである。

こうした密航者たちは、北朝鮮が韓国へ侵攻した朝鮮戦争の最中の韓国政府にとって、「望まれざる送還者」だった。犯罪者も含む密航者らの帰国が、朝鮮戦争の趨勢に及ぼす影響を危惧したのである。

そこで日韓の国交正常化交渉では、日本側の財産権の放棄と、密航者たちに法的地位を与え、日本に居住させるための、在日韓国人の「法的地位」が話し合われた。その際、韓国政府の外交カードとなったのが、拿捕抑留された日本人漁船員だった。

漁船員の解放を求める日本政府に対して、韓国政府は朝鮮半島に残された日本側資産と、在日韓国人に法的地位を与えるよう、譲歩を求めたのである。

同時に、韓国政府は竹島を「日本による朝鮮侵略の最初の犠牲の地」とすることによって、韓国内の反日感情を駆り立てるとともに、「日本人漁船員」拘束を正当化したのである。

■韓国側におもねり国益を損なった鳩山由紀夫氏

今日、日韓双方では、公海上に設けた「李承晩ライン」を根拠に拿捕抑留された日本人漁船員の人権問題については、忘れられてしまっている。

２０１４年2月12日、訪韓した村山富市元首相は、「慰安婦は女性の尊厳を奪った。日本国内では不規則発言をする者もいるが、恥ずかしい限りだ」と発言した。だが日本は、竹島を侵奪された。その手段として設定された「李承晩ライン」を根拠に、３９２９名もの日本人漁船員が拿捕抑留され、人間の尊厳が奪われた事実がある。そのことを忘れた村山富市元首相の発言は、なんとも恥ずかしい限りである。

事は村山元首相だけにとどまらない。日本には国家主権が侵されているにもかかわらず、主権の回復に努めず「日韓友好」だけを唱えてきたリーダーのなんと多いことか。

２００５年、島根県が「竹島の日」条例を制定すると、韓国は２００６年４月、その対抗措置として海底地形の名称に関する国際会議に出席し、竹島周辺の海底の地名を韓国側の表記に書き換える動きに出た。これに対し、日本政府は海上保安庁の測量船を鳥取県の堺港に派遣し、竹島の周辺を含む海域の海洋調査を計画した。すると韓国側は測量船を拿捕、撃沈するとまで公言していた。

こうした緊迫した事態のさなかにもかかわらず、2006年5月3日、当時民主党の幹事長だった鳩山由紀夫氏は韓国・ソウルの韓明淑国務総理の元を訪ね、こう語ったという。

「韓国国民が日本から再び侵略を受けるとの考えを起こしたのは、日本外交の失敗です」

これは韓明淑から「(「竹島の日」条例制定に抗議する)盧武鉉大統領の特別談話は、竹島問題が領有権問題だけでなく、日本の誤った歴史認識の問題であることを強調したもので、これを日本政府と国民たちに悟らせるものであった」「日本側の歴史教科書歪曲、靖国参拝の強行、独島問題など、最近の両国関係に緊張を醸成していることに対して、強く遺憾の意を表明する」と言われたことに対する返答だという。

さらに鳩山氏は、「すべての領土問題は根本的に歴史から始まる」「日本側が歴史的事実をより正確に理解するよう、努力する必要がある」などと述べ、「最近、日本はアジア外交がうまくいっておらず、近隣の国民から相当な反発を招来するなど、厳しい局面に直面している」「過去の歴史に対する誤った認識は、結果的に日本全体の国益を損失することになる」と話したという。

だが竹島は歴史的に韓国領であった事実はない。国会議員たるものが、竹島を巡って係争中の相手国の歴史認識を鵜呑みにし、賛同の意を示すことほど国益を毀損する行為はない。

その鳩山氏の民主党は２００９年、政権与党の座に就き、鳩山氏は総理に就任した。これを鳩山氏の事務所の東北アジア担当顧問の尹星俊氏は、『月刊朝鮮』への寄稿で「鳩山の登場は韓国にとって幸運」と喜んだ。

本文の内容を紹介しておこう。

鳩山氏が韓国を訪れた際、韓国に帰化した元日本人という人物から「竹島は韓国領」と教えられた鳩山氏は、それを信じていたという。

実際、鳩山氏は、２０１０年の高等学校の学習指導要領解説では、「竹島」に関する記述を削除した。これは尹星俊氏が鳩山氏に紹介した世宗大学校教授の保坂祐二氏の主張を入れ、鳩山首相が指示したものだ。保坂氏自身が、韓国の中央日報で自慢げに明かしたエピソードである。

これについて2010年4月の衆議院の外務委員会で、自民党の新藤義孝議員が竹島問題に関して、岡田克也外相に質問している。新藤議員は竹島問題に関する質問への回答として、岡田外相の口から「韓国は竹島を不法占拠している」と言わせたかったようだが、岡田氏は頑なに「竹島は韓国が不法占拠している」とは発言しなかった。

■「自分が首相になれば竹島は渡す」と述べた小沢一郎幹事長

この民主党政権時代は日本が国益を大きく損なった時代でもあった。韓国側の報道によると、小沢一郎幹事長は2009年末に韓国に渡った際、「自分が首相になった時、竹島は韓国に渡す。その代わり島根県の漁民が竹島周辺で漁ができるようにしてほしい」と発言したという。これは後に大変な懸案を引き起こす。

2010年8月10日に発表された菅直人首相の「菅談話」には「朝鮮王室儀軌」（李

氏朝鮮時代の王室・国家行事などに関する文書類）の引き渡しが明記されたが、これは韓国の「東北アジア歴史財団」が仕掛けたものであった。東北アジア歴史財団は、日本が過去を反省する物的証拠として「朝鮮王室儀軌」の引き渡しを提案したのである。

その事実については、東北アジア歴史財団の鄭在貞《チョンジェジョン》理事長が『週刊朝鮮』（２０１０年12月24日・ＲＯＭ版）で明らかにしている。鄭理事長は、「朝鮮王室儀軌」引渡しのため、松下政経塾の塾頭を韓国に呼び、政経塾出身の国会議員等に提案して、談話に盛り込ませたのだという。

東北アジア歴史財団は、「朝鮮王室儀軌」が宮内庁の書陵部に所蔵されていることから、「朝鮮王室儀軌」を返還させることで、皇室の尊厳を傷つけようとしたのであろう。韓国に戻った「朝鮮王室儀軌」は、一時、戦利品のように展示されていた。

それに加担した松下政経塾出身の国会議員たちは、敬神の念のあつい経営の神様・松下幸之助翁を、日本の疫病神にしてしまったのである。

■「竹島領有権を放棄せよ」と言いだした民主党議員

さらに国益を毀損する国会議員らの言動は続いた。2011年2月、政権与党の民主党の国会議員・土肥隆一議員は韓国に渡って、「日本は竹島の領有権を放棄せよ」とした日韓共同宣言に署名していた。土肥議員は菅直人首相の盟友として知られる。

「日韓キリスト教議員連盟」の日本側会長の土肥氏は、同連盟の日韓共同宣言に賛同し、韓国内の教会でも同様の発言をしている。だが、同じキリスト教を標榜していても、日本と韓国では全く異質な集団である。北朝鮮に侵攻された韓国では、長く社会主義的な活動が禁じられ、キリスト教がそれに代わって政治的な役割を果たしてきたからだ。そうした経緯を、土肥議員は知っていたのかどうか。

当時の報道によると、共同宣言の骨子は以下のようなものであった。

〈一、日本は恥ずかしい過去に対し、歴史の真相を糾明し、日本軍慰安婦、サハリン強制徴用被害者など、歴史の被害者に対する妥当な賠償措置を履行しなければならない。両国の善隣関係は、真実の謝罪と賠償が出発点となる。

一、日本は、平和憲法改正と軍国主義復活の試みを直ちに中断しなければならない。
一、日本政府は歴史教科書歪曲と独島の領有権主張により、後世に誤った歴史を教え、平和を損なおうとする試みを直ちに中断しなければならない〉

土肥隆一議員は松下政経塾出身の国会議員たちと同様、世事には疎かったのである。韓国側の策動に、まんまと引っ掛かってしまったのだ。批判を受け、土肥議員は「（共同声明の内容を改めて）よく読んだら、一方的な内容だった」と釈明したが、後に離党した。

だがこうした事態に陥ってもなお、民主党政権は領土問題について何ら具体的な動きを見せなかった。

２０１１年2月22日、「竹島の日」に関しメディアからの質問を受けた枝野幸男官房長官は、「『不法占拠』という表現はわが国の国益に沿ったものではない」と述べている。

■竹島上陸議員が駐日韓国大使に！

この状況は、竹島を不法占拠する韓国はもちろん、尖閣諸島を虎視眈々《たんたん》と狙う中国や、日本との間に北方領土問題を抱えるロシアにとっては、「幸運」であった。この件については第6章でも検証するが、ここでは手短に「領土問題の連動」の動きを追っておく。

2010年9月7日、尖閣沖で中国漁船が日本の巡視船に追突する事件が起きているが、これは偶発的な出来事ではなかった。中国の八路軍博物館のサイトでは、その年の5月から、尖閣諸島に関連した論稿を大挙掲載し、台湾と中国では尖閣諸島についての関心が高まっていた。

そうして起きた中国漁船の追突事件を巡る顛末は、民主党政権の外交力不足を内外に示すものとなった。

同年11月1日、今度はメドベージェフ大統領がロシアの大統領として初めて国後島を訪問し、民主党政権を牽制した。この後もロシアは高官たちを続々と「北方領土」に行かせ、日本側を挑発している。

この機に乗じたのが、韓国の「独島領土守護対策特別委員会」である。２０１１年５月、同委員長の姜昌一《カンチャンイル》議員らが国後島に短時間上陸し、「日本は独島の主権を放棄せよ」と日本を挑発したのである。

この姜昌一は、本書を執筆している２０２０年12月、駐日韓国大使に任命されることが発表された。これはむしろチャンスである。これは飛んで火に入る何とかである。

姜昌一氏は東京大学で博士の学位をとった歴史学者だ。姜昌一氏宛ての公開質問状を韓国大使館に送り、返信があればその都度、ネット上に公開し、返事がなければその旨を同じくネット上に公開すればよいからである。韓国のように日本大使館の前に慰安婦像を建て、水曜ごとの反日集会を開くまでもなく、新任大使の姜昌一氏に、独島が韓国領であることを実証するよう、求め続けるだけでよい。さらにこうしたやりとりを韓国語訳し、ネット上で公開しておけば、韓国国民もアクセスができ、歴史の事実を知ることになる。

姜昌一氏が駐日大使に就任すれば、それこそ日本にとっては幸運である。

■新藤義孝議員の反撃、「欝陵島視察計画」

姜昌一氏が率いる「独島領土守護対策特別委員会」は2011年8月、竹島で韓国国会の特別委員会を開催することにしていた。その姜昌一氏の動きを牽制するため、行動を起こしたのが、当時、野党だった自民党内の「領土に関する特命委員会」である。

韓国側の動きに対抗し、「特命委員会」所属の新藤義孝議員らが、竹島問題の発端となった欝陵島の現地視察をする計画を立てたのだ。欝陵島には、竹島問題に関する資料を集めて展示する「独島博物館」があった。その展示内容を視察して確認しようというのが目的だった。

この欝陵島視察は、2011年2月、島根県で開催された「竹島の日」のシンポジウムが契機となっていた。

島根県では毎年、「竹島の日」の式典後には、講演かシンポジウムを開いていたが、2011年2月のシンポジウムには、自民党の新藤義孝議員と民主党の渡辺周議員がパネラーとして参加し、コーディネーター役は筆者が務めていた。

シンポジウム会場の最前列に、しきりにツイッターをしている国会議員がいた。そこで筆者が壇上から注意すると、会場は一時、騒然となった。筆者としては、その議員がかつて県会議員だった時代に「竹島の日」条例の成立に批判的だったことを知っていたため、失礼だとは思ったが、つい注意をしたのである。竹島は今も不法占拠されているというのに、ツイッターなどしている場合ではないはずだ、との思いからだ。

だがこの一件は、当日のシンポジウムに緊張感をもたらし、領土問題に対する危機意識を高めることになった。そのおかげだろう、シンポジウムが進む中、新藤議員らは「必ず何らかの行動を起こす」と確約したのである。

その後、新藤議員から連絡が入り、鬱陵島視察を実行するとの計画を聞かされ、筆者も協力することになった。

■顔写真も焼かれた！　日本の国会議員3人が入国拒否

2011年7月31日、成田空港からの最終便で韓国の仁川国際空港に降り立った筆者

デモ隊の〝大歓迎〟　（写真／AFP＝時事）

は、韓国の入管によって入国を拒否され、4時間後には羽田空港に送り返されることになった。翌日の韓国紙は、どこから手に入れたのか筆者の顔写真を掲載し、「隠密裏に入国を企てた間諜（スパイ）」と言わんばかりの論調で報じたのである。

さらに翌日の8月1日、今度は金浦空港で新藤義孝衆院議員、稲田朋美衆院議員、佐藤正久参院議員がデモ隊に〝歓迎〟されながら入国を拒否されたのである。デモ隊は韓国の国会議員らに扇動・動員されたに等しかった。3人の日本の国会議員の顔を印刷した横断幕やプラカードが引き裂かれ、燃やされた。

だがこの入国拒否事件は、日本にとっては

韓国政府を牽制できる外交カードとなった。

この鬱陵島視察が、韓国世論を「視察受け入れ派」と、「断固入国拒否すべし派」に二分することになったからだ。

日本の国会議員や研究者は実際に鬱陵島に渡らなくても、鬱陵島視察を公表し、仁川空港か金浦空港で入国拒否されれば、海外メディアが関心を持ち、韓国内が二分してくれることを示すからだ。

さらに、仮に入国拒否されずに鬱陵島に渡ることができれば、それはそれで独島が韓国領であることを示すものが一つもない「独島博物館」を訪れ、視察の結果としてその事実を公表できる。

どちらに転んでも問題解決を迫られるのは韓国側であり、苦境に陥るのも韓国側である。

■李明博大統領、竹島上陸の痛恨

苦し紛れなのか、あるいは民主党政権の及び腰を見て攻勢をかけたのか、この頃、韓国政府は様々な行動に出た。ヘリポートや宿泊施設の拡張工事を行い、30年ぶりに不法占拠の正当化を企てたのに続き、竹島から沖合1キロの場所に海洋科学基地を建設するため、その構造物の組み立てに着手（のちに中断）。さらに韓国の閣僚や国会議員が竹島上陸を繰り返し、大韓航空機が竹島上空をデモフライトするなど、明らかに挑発的な動きを見せていた。

その極め付きが、李明博《イミョンバク》大統領の竹島上陸である。２０１２年8月10日、韓国の李明博大統領が現役大統領として初めて、竹島に上陸した。

動機について李明博大統領は、竹島からソウルに戻った直後に「慰安婦問題の解決に誠意を見せない日本に対して懲罰的な意味があった」と述べている。

さらに4日後の8月14日、李明博大統領が「日王（日本の天皇陛下の蔑称）が韓国に来たければ、独立運動家に跪いて謝罪しろ」「（日王が）痛惜の念などという単語ひとつを言いに来るだけなら、訪韓の必要はない」などと発言。

これに日本世論は猛反発した。竹島だけでなく天皇陛下まで批判の対象とした李明博大統領と韓国に対する信頼は低下。日韓間の官民の交流事業が中止になるなど、日本の対韓感情は急速に悪化したのである。

そのため、李明博大統領の竹島上陸に対する評価は、韓国でもあまり高くない。日本が竹島問題で本気になり、嫌韓感情を強くした元凶と見なされているからだ。

■小沢一郎氏が招いた「天皇謝罪要求」

李明博大統領が竹島上陸後、天皇の訪韓に触れたのには理由がある。

それは２００９年12月、当時の与党・民主党の小沢一郎幹事長が渡韓し、李大統領と会談した際の会談内容にあった。

２０１２年８月30日付の東亜日報（電子版）によれば、小沢幹事長と大統領の会談に関わった外交筋の話として、小沢幹事長が次のように強調した、と報じている。

「韓日関係の改善のためには韓国人の恨みを癒やしてあげなければならない」

「そのためには独島問題の解決が最優先だ」

さらに竹島問題の解決策と関連して次のように語ったのだという。

「日本が領有権の主張を中断して韓国の領有を認めなければならない」

「（自分が）首相になればそうする」

「日本の独島領有権の主張は漁業と関係がある」

そこで小沢幹事長は、「領有権を放棄する前提として島根県の漁民たちに独島周辺海域での漁業活動を保証する」ことを要求したという。

また小沢幹事長は、「自身が首相になれば、日本王（天皇の韓国語表記）が百済系であることを日本王室の担当機関である宮内庁を通じて正式に発表する」とし、「韓国併合100年になる2010年に日本王の韓国訪問を推進したい」と語ったというのだ。

この時、李明博大統領は関心を示さなかったというが、李大統領が竹島に上陸し、天皇陛下の訪韓に言及したのは、小沢幹事長との会談の記憶がその伏線としてあったからであろう。

李明博大統領の蛮行の後、２０１２年8月21日、民主党の野田佳彦首相は韓国政府に対して口上書を送り、竹島の領有権問題を国際司法裁判所に共同提訴することを求めた。だが竹島問題を歴史問題とする韓国政府が、応諾するはずもなかった。

さらに野田首相は23日に李明博大統領に対して親書を送り、竹島上陸に対する遺憾の意を伝えようとしたが、韓国側は受け取りを拒否。日本政府宛に返送した。親書にある「島根県竹島」という文言に李大統領は「これはどこだ。そんな島には行ったことがない」と述べたという（日経新聞電子版、２０１２年8月23日付）。

■日本政府に欠けているのは「戦える組織」の存在だ

国際司法裁判所への提訴に韓国が応諾しないのは、韓国側が重視しているのは国際法ではなく、「歴史」だからである。ならば日本側も、国際法ではなく歴史問題として韓国側を説伏しなければならない。

第1章で述べたように、島根県竹島問題研究会と韓国側の研究機関との論争で明らかなように、すでに韓国側の歴史的根拠は瓦解している。にもかかわらず、これが対韓外交に反映されないのは、日本には韓国の「東北アジア歴史財団」のような政策提言機関がないからである。

確かに日本では、２０１２年11月、野田政権が「竹島問題対策準備チーム」を発足させ、政権交代後の安倍政権は、２０１３年これを改組して、「領土・主権対策企画調整室」とした。

領土・主権対策企画調整室は竹島だけでなく尖閣・北方領土問題をも含め、国民世論の啓発と国際社会に向けた発信を目的としている。だが竹島問題の現状は、国民世論の啓発と国際社会に向けた発信の段階にはない。すでに論争は始まっており、戦い続けることのできる機関が必要である。

国民世論の啓発と国際社会に向けた発信を目的に、領土・主権対策企画調整室が設置されたことで、竹島問題だけでなく尖閣諸島と北方領土問題は大幅に後退した。

領土・主権対策企画調整室では島根県竹島問題研究会の成果を広報等に使っているが、島根県が作っているのは韓国側の主張を論破する武器である。その武器を「領土・主権展示館」で自国民向けの「啓発と発信」に使っても、それは武器を博物館に展示するようなもので、「歴史戦」の実弾にはならない。

島根県がせっかく成し遂げたものも、政府の施策に組み込まれると二歩も三歩も後戻りしてしまうのである。

■日本との論争に抜かりのない韓国側の構え

一方、韓国側の準備は抜かりない。第1章でも触れた通り、韓国側は島根県の「竹島の日」条例制定直後に「歴史・独島問題を長期的・総合的・体系的に担当できる専門機関の設置」を指示している。

２００６年には東北アジア歴史財団を設置し、日本攻略の司令塔としての機能を与えている。財団案内には次のように書かれている。

〈東北アジアと世界全体を不幸にした間違った歴史観やそれによって惹き起こされた問題点と向き合い、長期的総合的研究分析と体系的・戦略的政策の開発を遂行して、正し

い歴史を作り、東北アジアの平和と繁栄のための基盤づくりを目的に設立された〉

ここに記された〈東北アジアと世界全体を不幸にした間違った歴史観〉とは、韓国側から見た「日本の歴史認識」を指している。そこで〈正しい歴史を作り、東北アジアの平和と繁栄のための基盤づくり〉のための「ビジョン」として、「歴史研究と政策開発の中心」「歴史対話と交流協力のハブ」「東アジア共同体の基盤造成」の3つを掲げているのだ。

そのうちの「歴史研究と政策開発の中心」として、次のように記されている。

〈東北アジアの歴史に関する誤解と歪曲を防止するためには、広くかつ深い研究が必要です。東北アジア歴史財団は、古代から現代までの東北アジアの歴史研究の中核となっていきたいと思います。また、研究成果をもとに歴史認識を巡る対立を解消し、歴史和解を実現する政策・対策を開発・提示してまいります〉

つまり、「東北アジア歴史財団」に求められているのは、日本との「歴史問題」を推し進め、解決する司令塔役である。そのため歴代の財団理事長には、歴史学者かそれに近い人物が就き、その地位は閣僚級とされる。

現在の理事長は5代目の金《キム》度《ド》亨《ヒョン》氏で、その金度亨理事長の下、「東北アジアの古代史研究」「隣国の韓国観研究と対応」「独島に関する学際的研究」「東海の名称の国際的拡散」「総合的で有機的な東アジア像の模索」「韓・中・日共同の歴史認識の指向」「学術交流と歴史和解」「市民社会の交流と協力強化」等の研究が進められている。

その東北アジア歴史財団が司令塔的な役割を果たしたものに、「竹島問題」のほか、「慰安婦問題」「歴史教科書問題」「日本海呼称問題」「徴用工問題」等がある。

中でも２０１１年から本格化した韓国の竹島教育の教材開発（『独島を正しく知る』『永遠のわが領土　独島』等）は、東北アジア歴史財団が担当し、「徴用工問題」では資料集を刊行するなど、政策提言機関としての役目を果たしている。

また、日本を説伏するための「政策・対策を開発・提示」を続けており、研究成果を『領土海洋研究』として刊行してきた。２０２０年12月1日現在、その歴史問題関係の研究書は実に４５７冊にも及ぶ。

■日本人も思わず納得？　「独島体験館」の展示とは

さらに東北アジア歴史財団傘下の「独島研究所」は、２０１２年９月に「独島体験館」をソウル市内に開設して、幼児から大人まで、竹島の歴史と自然を体験できる教育施設の運営を始めた。独島体験館はソウル市内だけでなく、全国13カ所（２０１８年11月現在）に設置され、地域の竹島教育に活用されている。

さらに韓国の忠清北道では「独島体験バス」を運営し、道内の学校で移動教室を開催している。このバスも韓国政府の支援で購入したものだ。

独島体験館は、「歴史・未来館」「自然館」「４Ｄ体験館」の３つのコーナーから構成され、入り口近くには次のような説明が書かれている。

〈歴史・未来館では、独島の最初の登場から、今日までの全ての歴史を見ることができる。独島は約１５００年前、新羅の于山国征服を契機に韓国の歴史に姿を現した。以降、今まで鬱陵島の付属の島として韓半島に属してきた〉

ソウル市内の独島体験館は、東北アジア歴史財団と同じ建物の地下にあり、比較的行

子供たちの独島教育の拠点でもある独島体験館　（写真／AFP＝時事）

きやすい場所にある。そのため独島体験館を訪れる日本人もいて、中には竹島を韓国領と思い込む人もいるようである。展示内容は歴史的根拠がすでにほぼ否定されているものばかりなのだが、独島体験館の展示は日本人でも思わず信じてしまう人も出るほど効果的なものになっている。

事実、この独島体験館と、日本政府の「領土・主権対策企画調整室」が２０１８年に開設した「領土・主権展示館」を比べれば、その差は歴然としている。独島体験館は、独島研究所の専門家たちが運営しているが、領土・主権展示館では民間業者に業務委託しているからだ。領土・主権展示館で職員に領土に関する知識や歴史的経緯に関する質問をしても、明快な答えが返ってこないのも無理がない。

当初、日比谷図書文化館内に設置された領土・主権展示館は、2020年1月、虎ノ門に移転したが、一等地に展示館を構えたところで、調査研究も民間業者任せでは、独島体験館を超えることは難しい。

リニューアルオープン時、当時の衛藤晟一担当大臣は、記者会見の場で「過去の歴史的な経過を事実に即し、法的な立場も明確にして丁寧に展示している。ぜひ、ご不満のある国は、お越しいただいて十分見ていただきたい」「具体的な議論を始めようではないか」と発言したというが、新しい領土・主権展示館にその機能が果たせるのかどうか疑問である。

不特定多数の人々を対象とする領土・主権展示館とは違って、独島体験館は、韓国の教育部傘下の東北アジア歴史財団が編纂した竹島教材を復習する、教育の場だからだ。下は小学生から高校生くらいまでのボランティアが独島体験館でガイドを務めるのも、教育の成果を発揮する意味合いがある。英語でガイドする子供などもいて、独島体験館はまさに教育と実践を兼ねた施設になっている。

■「日本は歴史に目をつむっている」と評された領土資料館

長期戦を覚悟しなければならない韓国との〝戦い〟において、司令塔役を果たせる機関は欠かせない。島根県は竹島問題研究会を設置し、県庁内に竹島資料室を備えているが、現在、島根県と中央政府の間には、微妙な意識のずれが生じている。

2016年、竹島の地元である島根県・隠岐の島町に中央政府の肝いりで「久見竹島歴史館」が建設されたが、政府の意向が強くなり、政府関係者の調査研究と地元研究者の間に齟齬《そご》が生じ、隠岐諸島に関する研究環境に影響が出始めている。

その意識のずれは、島根県が主催する「竹島の日」の式典でも表面化している。第1章でも少し触れたが、式典には中央政府から政務官が派遣され、2018年に沖縄北方領土担当大臣が初めて島根県を訪問し、その後任の大臣も、任期の末期に島根県を訪れている。これが慣例化すれば、島根県としても中央政府の顔色をうかがわざるを得なくなり、当初から島根県に一貫して存在していた、日本政府に対する建設的な提言姿勢も制限されかねない。

一方、韓国では教育部傘下の東北アジア歴史財団が竹島研究およびその政策提言を行い、それを外交政策に反映させている。また韓国には百を数える竹島問題関連の市民団体があり、東北アジア歴史財団の研究成果を基に活動が進められている。

日本政府には、この種の事業を推進する機関がない。領土・主権対策企画調整室に期待したいが、それはお門違いである。領土・主権対策企画調整室は企画するだけで、実施するのは委託された民間業者であるからだ。

東北アジア歴史財団の丁永美氏は、日本の領土・主権対策企画調整室が設置した「領土・主権展示館」に次のようなコメントをしている。

「1905年編入以前の独島の歴史に対しては目をつむっている」

丁永美氏の指摘は、「1905年編入以前の独島の歴史」（竹島が日本領となる以前の鳥取藩が幕府に提出した1695年の「返答書」。1870年に佐田白茅が提出した「内探書」と1877年の「太政官指令」等）では、日本は竹島を日本領でないとしているが、日本政府の調査報告書では、竹島を日本領とする文献ばかりで、日本にとって不都合な歴史には「目をつむっている」というのである。

これは島根県竹島問題研究会の発足以来、竹島論争の最前線にいる東北アジア歴史財団の丁永美氏にとっては、意外だったのだろう。

島根県は江戸時代以来の日本と竹島のゆかりや、アシカ猟の許可を求めた中井養三郎の申し出などを扱い、韓国側の歴史的主張に反駁してきたが、日本政府による調査研究は、韓国側の歴史的主張（「１９０５年編入以前の独島の歴史」）とは無関係に行われていたからだ。

これは政府に与えられた方針に従って行われる調査研究と、「竹島問題に関する歴史についての客観的な研究、考察、問題点の整理」を行ってきた島根県の竹島問題研究会との違いである。

■領土問題を扱う専門機関の設立は急務

事は竹島だけの問題ではない。

竹島問題に限らず、北方領土問題のロシアや中国政府による尖閣諸島周辺での跳梁跋扈《ちょうりょうばっこ》扈《こ》を許しているのは、日本には国家主権に関わる問題を研究する機関がないからである。間違っても国会議員が先頭に立ち、領土問題に容喙《ようかい》すべきではない。主権を守る行為は当然、してもらわなければならないが、歴史的な点については専門家の論を口移しに唱えても、論争に耐えられないだけでなく、ボロを出しかねないからだ。

日本政府が効果的な反論をできないのは、国家主権、領土問題に関して継続的に対応できる機関が存在しないことがその根本原因でもある。内閣府直轄組織としての領土・主権対策企画調整室や展示館などはあっても、それは戦う機関ではないからだ。

領土問題を「外交問題」として扱う外務省の場合、担当役人は2、3年でポストを移動するため、継続的に問題に取り組む専門官を育てることができない。また、どこかの時点で失敗があっても、「先輩外交官」の失敗を追及すること、覆すようなことはできないため、悪しき前例踏襲が引き続き行われることになる。

筆者はかねてから、「日本も韓国のような、領土問題を歴史的な角度を含む様々な観点から検証できる専門的な政策提言機関を設置すべきだ」と述べてきた。確かに「領土・主権対策企画調整室」はできたが、国内での啓発・情報発信は当面の急務ではない。

必要なのは、韓国側との論争に耐え得る研究機関である。

政府は対策を急ぐべきだろう。

竹島を奪還するのであれば、歴史における論争、ひいては国際的宣伝戦を戦える人材を育成し、その戦力が活用できる場を政治家が作ることが急務だ。少なくとも入国拒否事件を起こした鬱陵島視察のように、ただ金浦空港を活歩しただけで、韓国内が二分する状況を作れるだけのセンスはあったほうが良い。

それも国会議員と外務省、歴史研究者が三位一体となった時に可能になる。その一つだけが動いても、１本の矢で終わってしまう。

韓国の東北アジア歴史財団を見たらいい。歴代の理事長は歴史学者が務め、元外交官が事務方でサポートして、60名近い研究者を擁している。

日本のように民間業者が下請けして、研究者に孫請けさせているようでは、日本の国家主権は侵されたままである。

第3章

「良心的日本人」VS「反日種族主義」

■韓国の主張に寄り添う「良心的日本人」の存在

韓国では、「東北アジア歴史財団」が竹島問題をはじめとする日韓間の諸問題を取り扱っていることは、これまでも触れてきた。注目すべきは、この東北アジア歴史財団が日本人研究者や学者を大いに〝利用〟し、日本との論争に役立てている点である。

東北アジア歴史財団は、2005年4月に発足した「東北アジアの平和のための正しい歴史定立企画団」をその前身組織とし、団長には大統領府政策室長の金秉準《キムビョンジュン》氏が就いた。島根県議会による「竹島の日」条例の成立が確実となると、韓国政府は竹島問題に関して持続可能な研究機関の設置を立法化したのである。

その「東北アジアの平和のための正しい歴史定立企画団」の早期の事業の一つが、2005年12月に刊行した『独島論文翻訳選Ⅰ』と『独島論文翻訳選Ⅱ』で、内藤正中・池内敏・高崎宗司・秋月望・森川幸一等、諸氏の論稿が収録されている。

その選に入った人々の多くが、韓国でいわゆる「良心的日本人」と称される人々である。日本人でありながら「良心」を持っている、つまるところ、韓国にとって都合のいいことを言ってくれる人物、と韓国人に見なされた人々のことだ。

その面々が選ばれた理由を、「東北アジアの平和のための正しい歴史定立企画団」団長の金秉準氏は『独島論文翻訳選Ⅰ』の巻頭辞で次のように述べている。

〈旧日本帝国の朝鮮半島侵略過程で発生した最初の、そして代表的な侵略事例が独島侵奪であったという永遠の歴史的事実にもかかわらず、日本はこれを認めようとはしない。これにこのような日本政府の否認をよくないとする論旨の文章を集め、翻訳刊行することを企画することにした〉

つまり、『独島論文翻訳選Ⅰ』と『独島論文翻訳選Ⅱ』は、竹島を日本領とする主張に異を唱えた人々の論稿を集めて、刊行したというのである。

日本政府の主張、つまり竹島を日本領とする主張に異を唱えるのが「良心的日本人」なら、その対極に位置して「竹島は日本領である」と主張する人々は「非良心的日本人」であり、「極右学者」と見なされる。

■韓国にとっての「良心的日本人」と「非良心的日本人」とは

２０１３年5月2日付の韓国の中央日報に、その「極右学者」を批判した意見広告が、2面にわたって掲載された。「朴槿恵大統領に捧げる公開請願」と題したその意見広告では、「良心的日本人」と「非良心的な日本人」とを対比して、次のように喧伝している。

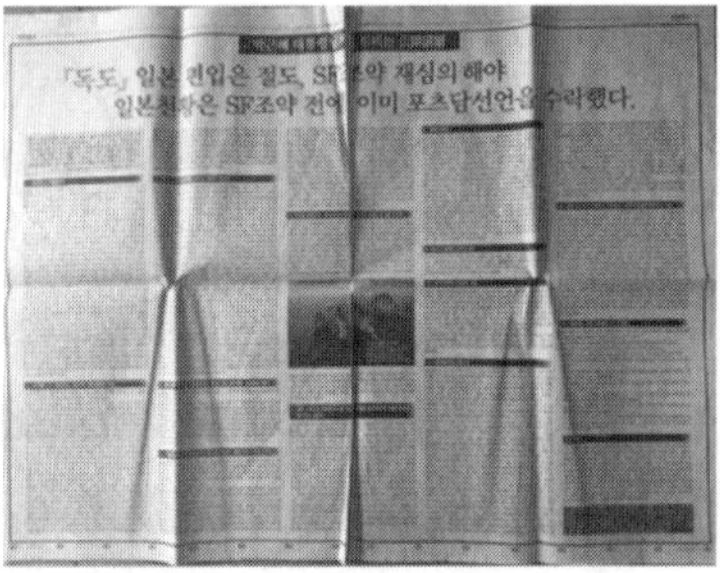

2013年5月2日付／中央日報

〈去る２０１２年12月に他界した内藤正中（島根大学名誉教授）と多数の正しい日本の学者たちは韓国の主張を受け入れて、独島は韓国の領土としている〉

〈（だが）下條正男（竹島問題研究会座長）、川上健三（故人）等、少数の人たちは独島の歴史をよく知らない日本人たちを煽動し、（中略）朝鮮の文献には独島を説明する資料がない等、韓国側の文献を我田引水し、歪曲

し……〉

これは、個人攻撃を主眼とした意見広告である。元日本外務省条約局員であり、竹島の歴史や条約問題に精通する川上健三氏と筆者が、「日本のごく少数の歪んだ愛国心が日本を危険に陥れている」人物とされているのだ。理由はもちろん、竹島を「日本領だ」と主張しているからである。

広告にはその対極として、「良心的日本人」が列挙されている。内藤正中氏をはじめ、堀和生・梶村秀樹・芹田健太郎・竹内猛・久保井規夫らの諸氏が、「日本には正しい学者たちが多数いる」として実名で並べられているのだ。

韓国側は、こうした「良心的日本人」と協働、もしくは援用して、独島は韓国領だとする自らの主張に正当性を持たせようと試みてきたのである。

■「島根県は政府外務省に無批判に追随」と誹謗《ひぼう》

「東北アジアの平和のための正しい歴史定立企画団」は２００６年９月に改組して、教育部傘下の「東北アジア歴史財団」となると、さっそくこうした「良心的日本人」を〝活用〟した動きを見せ始める。早くも2007年4月には『史的検証―竹島・独島』を日本の岩波書店から出版。著者は島根大学名誉教授の内藤正中氏と韓国国防大学の金《キム》柄烈《ビョンニョル》教授である。

『史的検証―竹島・独島』の「はじめに」で内藤氏は、韓国の主張を〈国益優先の立場が強く前面に押し出され、自国中心の歴史観による研究が多い〉とした上で、〈竹島問題は、すぐれて歴史の問題である。歴史の問題である以上、それが歴史の事実に即して正直に語られるべきことはいうまでもない〉〈テーマが持つ政治的性格のために、私たちは歴史の事実を解明することの重要性と必要性とに正面から向き合う姿勢をつねに取るべきである〉と述べている。

一方で「おわりに」では、こうも述べている。

〈韓国と日本との歴史を振り返ってみるとき、日本は加害者としての足跡を残していることを忘れてはならない。とりわけて近代史はいうまでもない。（中略）私は、竹島をめぐる過去の事実を歴史的に検証してゆくなかで……日本政府は歴史の事実に対して謙

虚でなければならないことを痛感していた〉

〈２００５年2月に島根県議会が「竹島の日を定める条例」を可決したことから、にわかに竹島問題がクローズアップされることになった。しかし多くの人たちにとって竹島についての認識がない中で、マスコミに登場する識者が語る竹島理解の危うさや、政府外務省による情報提供、それを無批判に受け入れて追随している島根県の状況など、まさに憂うべき事態がはじまったと思った〉

だが、島根県・竹島研究会が、政府外務省の情報提供を「無批判に受け入れて追随」しているわけではないことは、ここまで本書をお読みいただいた読者の方にはお分かりいただけるだろう。

■「夷をもって夷を制す」韓国の手法に乗る日本人識者

『史的検証─竹島・独島』の出版に際し、東北アジア歴史財団の金容徳《キムヨンドク》理事長は、日本の岩波書店から出版する意義を次のように述べている。

〈創業100年を誇る日本最大の出版社である岩波書店で、徹底した検証を通じて出版された点で大きな意味がある〉

〈韓国の独島領有権に対して日本国内に肯定的な視点を作ることを期待する〉

金容徳理事長は、知名度の高い岩波書店から本書を刊行すれば、買って読む読者はもちろん、各地の図書館に所蔵され、貸し出されることで、韓国側の論理が自然と日本国内に浸透する——と考えたのだ。つまり意図的に日本人研究者と関係を持ち、「独島は韓国領である」とする書籍を日本国内に流通させているのである。

そのやり玉に挙げられ批判されているのが島根県の竹島問題研究会で、岩波書店から出版された『史的検証―竹島・独島』以外にも、内藤正中・朴炳渉『竹島＝独島論争』（新幹社、2007年）、久保井規夫『図説竹島＝独島問題の解決』（柘植書房新社、2014年）、池内敏『竹島―もう一つの日韓関係史』（中公新書、2016年）、保坂祐二『〈独島・竹島〉の日韓史』（論創社、2016年）などがその目的で出版されている。

もちろん、学術論争はあってしかるべきだ。しかし、こうした本の主張はもともと韓国領でなかった竹島を無理やり韓国領としたいがために、文献を曲解し、虚偽の歴史を捏造している。初学者がそれを見抜くのは容易ではないだろう。

韓国側は、こうした日本人学者や研究者を「良心的日本人」とし、「夷をもって夷を制す（外国や異民族同士を争わせて、自国の手を煩わせずして利益を得る）」ための手段として使っているのである。韓国寄りの主張をする日本人と、そうでない日本人同士を争わせて、韓国にとって有利な状況を作り出そうとしているのだ。

■「外務省の主張はひどすぎる」と断じた内藤正中氏

その戦略に大いに協力したのが内藤正中氏である。

内藤氏は京都大学大学院修了後、島根大学講師、教授を務め、退官後は鳥取短期大学北東アジア文化総合研究所長を務め、島根大学名誉教授となった人物だ。

竹島に関する多くの著作を出しており、先に紹介した朴炳渉氏の『竹島＝独島論争』の共同執筆者を務めた。この『竹島＝独島論争』は、２００９年11月、「独島は韓国領である」ことを国際社会に浸透させる目的から、世界の国会図書館に配布することを目的として韓国の国会図書館によって英訳、刊行されてもいる。

その後、内藤氏は再三韓国に招聘され、日本批判を行っている。

2008年、外務省が『竹島問題を理解するための10のポイント』を刊行すると、2008年10月、内藤氏は、『竹島＝独島問題入門―日本外務省「竹島」批判』を『竹島＝独島論争』と同じ版元の新幹社から出版した。

内藤氏は、本書を刊行する理由について、次のように記している。

〈外務省の『竹島』パンフレットを読んでの率直な感想は、『これはひどい、ひどすぎる』の一語に尽きる〉

〈私は日本国の名誉のために、史実に基づいて歴史を解明する意図から本書を執筆した〉

その内藤氏の『竹島＝独島問題入門―日本外務省「竹島」批判』を読むと、内藤氏が外務省の主張に感情的に反発している所がある。

『東国文献備考』に言及した箇所である。韓国側の竹島研究では、『東国文献備考』（『輿地志』）の中の分註（「于山《ウサン》は倭の所謂松島（現在の竹島）なり」）が唯一、独島を于山島とする論拠とされている。

その最も重要な文献について、外務省のパンフレットは、次のように記した。

〈『東国文献備考』等の記述は『輿地志』から直接、正しく引用されたものではないと批判する研究もあります〉

外務省の『竹島問題を理解するための10のポイント』では、『東国文献備考』の分註（「于山は倭の所謂松島（現在の竹島）なり」）は、正しく引用されていない（後世、改《かい》竄《ざん》されていた）としたのである。実証に基づくこの指摘は、独島を韓国領とする韓国側には致命的だった。独島を于山島とする論拠が、なくなってしまったからだ。

これに対して内藤氏は、急遽《きゅうきょ》、次のように反論したのである。

〈わざわざ「批判する研究もあります」と、ここでだけ異説を取り上げた外務省の意図が分からない〉

内藤氏は、「異説を取り上げた」という外務省の意図に疑問を投げただけで、この指摘の真偽には踏み込んでいない。「日本国の名誉のために、史実に基づいて歴史を解明する」と自身の姿勢を示しながら、内藤氏はその「異説」について「反証」することができなかったのである。この事実は、むしろその「異説」を「異説」として一蹴できず、事実として受け入れざるを得ないということを示している。

ことほど左様に、内藤氏が、『竹島＝独島問題入門—日本外務省「竹島」批判』で述べていたのは、内藤氏の「私説」でしかなかったのである。

■反論しない外務省、矢面に立つ竹島問題研究会

だが何より問題なのは、その内藤氏の「私説」が韓国の「東北アジア歴史財団」の支援を受け、韓国で出版された事実である。それが『竹島＝独島問題入門—日本外務省「竹島」批判』を翻訳して、2009年2月に刊行された『韓日間の独島・竹島論争の実際』（韓国語版）である。

この韓国語版では、日本語版で「（外務省の『竹島』パンフレットは）『これはひどい、ひどすぎる』の一語に尽きる」としていた「あとがき」も、そのまま翻訳されている。

だが、ひどいのは韓国の方である。独島を于山島とする、韓国側の唯一の文献が、改

竄され、証拠能力を失っているにもかかわらず、その「異説」に対して反証していない内藤氏の本をそのまま訳して出版していたのだ。

その事実を知らずに、韓国語版を読めば、韓国の一般読者は、日本の外務省の『竹島問題を理解するための10のポイント』を「ひどすぎる内容である」と曲解しかねない。

これに反論しておかないことの影響は極めて大きい。「良心的日本人」の主張として韓国の読者に理解される点も問題だが、より問題なのは、すぐに反論できる内容であることだ。この状況を放置しておけば、外務省が反論できなかったと見なされかねず、韓国側に要らぬ誤解を与える恐れがあった。だが日本の外務省は、韓国の複数の研究機関が『竹島問題を理解するための10のポイント』を論難しても、反論することはなかった。

そこで島根県竹島問題研究会が反論し、その韓国側との論争は、現在も進行中である。

■「下條正男は捏造の張本人」と猛批判

2020年10月22日、韓国の「独島の日」である10月25日を前に、韓国の教育部の政策重点研究所である嶺南大学校の独島研究所主催で、「日本の『竹島問題研究会』の『竹島問題第4期最終報告書』批判」と題するシンポジウムが開催された。

ここで「島根県竹島問題研究会」が俎上に載せられているのは、日本の外務省が編集した『竹島問題を理解するための10のポイント』に対する韓国側からの批判を、『第4期最終報告書』で竹島問題研究会が再批判しているからである。

当日のシンポジウムでは、大邱《テグ》大学校の崔長根《チェジャングン》教授が「『日本が知らない10の独島の真実批判』に対する再批判」と題した講演を行った。それは竹島問題研究会の『第4期最終報告書』で、「羊頭狗肉、東北アジア歴史財団編『日本の偽りの主張「独島の真実」について」とした論稿を発表していたからだ。

これに対する崔教授の反論がどのような内容だったのか、詳細は分からないが、後日、崔教授は韓国日報（電子版）に、「『独島=日本の領土』捏造の震源地、島根県の『竹島問題研究会』」とする論稿を寄稿。筆者を「捏造」の張本人として9項目にわたって批判している。

講演のダイジェスト版とも言える論考の書き出しには、「独島は鬱陵島と共に古代の新羅時代、于山国以来、韓国の固有の領土である」とある。

于山島については第4章で詳述しているが、拙稿は「竹島は于山国に属しておらず、新羅時代に韓国領となった事実はない」ことを、論拠を示して実証している。だが崔教授は、拙稿で示した事実に反証することなく、筆者個人への批判を展開した。

その結びにはこうある。

〈このように近来、安倍政権で政策的に独島の領有権を捏造するのは、下條が主導する竹島問題研究会の煽動によるものだということが分かる〉

ここには事実誤認がある。筆者を含め、島根県や竹島問題研究会は日本政府の支援を受けていない。韓国側の主張には竹島問題研究会を「日本政府の末端機関」と解釈するものが多いが、竹島問題研究会は全く独立した機関である。

韓国側との論争は、この種のものが大部分である。自身の思い込みが正しいと過信して、事実を確認しないのだ。

■「極右主義者の御用学者が領有権を捏造している」

島根県竹島問題研究会は、外務省の小冊子『竹島問題を理解するための10のポイント』を巡って、韓国側と何度も論争をしてきた。だが、韓国側は常に「独島は韓国の固有の領土」とする前提で反論してきた。そこでは当然、文献批判（史料批判）も行っていない。これはもはや歴史研究とは呼べない。

さらに、韓国側が歴史問題を捏造する時には、決まって「日本は侵略国家」とする歴史認識がその根底にある。韓国側にとって、論争は歴史の事実を明らかにするものではなく、「独島守護」のためのプロパガンダでしかないからだ。

その論理は帰納的というより演繹的で、ほとんど宗教論争に近いが、韓国側との論争ではそれを織りこみ済みで反論していかねばならない。

そのことは、崔教授の論文の結論からも読み取れる。

〈このように今日の独島の領有権を捏造した震源地は、極右主義の御用学者である下條正男が座長をしている島根県竹島問題研究会が自ら自画自賛していることで明らかだ。

日本の独島の領有権の捏造行為は、過去、日本帝国主義の侵略行為を反省することができず、他国の領土を自国の領土と主張する領土ナショナリズムのためである〉

つまり、竹島問題研究会や日本の主張が間違っているのは、「極右主義の御用学者である下條正男」が言っているからであり、竹島を日本領とするのは「過去、日本帝国主義の侵略行為」だからである、という主張なのだ。

この崔教授の論理は、序章でも触れた朝鮮半島の伝統的な「反正」に根差している。

事実、崔教授は2020年12月7日、改めて「独島は韓国固有の領土、根拠がないって?」と題する論稿を韓国日報（電子版）に寄稿した。

〈独島は古文献で立証された明白な大韓民国の固有の領土だ。だが日本政府は外務省のホームページを通じて、独島は韓国の固有の領土ではないと事実を捏造し、対内外的に煽動している〉

だが韓国側が独島を于山島としてきた唯一の文献が、後世、書き換えられたとする異説に対して、反証ができていない。「独島は古文書で立証された明白な大韓民国の固有の領土」ではなかったのである。

そこで崔教授は、「独島は韓国の固有の領土」であることを前提として、「日本は事実を捏造した」と反論するが、これは歴史的にも、国際法上も、自国の領土でなかった竹島を占拠する韓国側としては、そうするほかない当然の帰結である。

■韓国から敵視・危険視される島根県

それでも何としても反論したい韓国側は、２０２０年12月23日にも、韓国の嶺南大学校で独島研究所主催の月例会を開いている。その主題は、「『島根県竹島問題研究会』の研究傾向分析―下條正男の研究傾向と分析」で、座談会形式で開催された。座談会の参席者は、嶺南大学校が５名、大邱大学校１名の計６名であった。

ここで「島根県竹島問題研究会」と筆者が名指しで討論の対象になったのには理由がある。座談会に出席した一人は、その著書で、竹島問題研究会を次のように理解しているからである。

〈「竹島問題研究会」で研究・調査され、作られ歪曲された独島領有権の論理が、日本

政府（外務省）の公式の論理となっている〉

　また、筆者が俎上に載せられたのも、座談会に出席した別の竹島研究者が、次のように錯覚しているからである。

〈下條正男は日本の極右学者として独島問題について安倍政権で日本政府の論理を代表している（中略）。日本政府の竹島政策は彼の論理をそのまま反映している〉

　だがこの下條評は、事実を曲解しており、誤解を招く恐れがある。「島根県竹島問題研究会」の活動は、ほぼボランティア活動である。筆者の場合も、日本政府からは一銭も支援を受けたことはない。なのにここまで敵視するのは、竹島を不法占拠する韓国側にとって、竹島問題研究会はそれだけ危険な存在だということである。

　竹島問題研究会では、日本政府の支援を得ずとも、すでに韓国側の主張を論破してある。あとは日本外交がそれを使って、攻勢を掛ければ良いだけである。

　次は日本政府の出番である。

　しかしそれができない日本政府の不作為を突き、韓国側は戦線を拡大していく。

■韓国「反日活動」が国際社会に広まる理由

現にそれは「慰安婦問題」「日本海呼称問題」等でも展開されており、韓国系米国人や世界各地の「僑胞」を動員して慰安婦像を建てたり、第5章で詳述する「東海併記法案」を成立させたりすることに成功している。

慰安婦問題で言えば、2020年9月下旬、ドイツの首都ベルリンのミッテ区の公有地に、韓国系市民団体が慰安婦像を設置した。これに日本の国会議員有志82名が11月18日、ミッテ区長と区議会議長にメールを送って、「日独間の友好関係に悪影響を及ぼす恐れがある」と訴えたという。

だがこの日本の国会議員の行動様式は、米国内で慰安婦像が設置された時の二の舞である。その時も、国会議員等が軽々に動いて、地方議会等の反感を買い、結局、慰安婦像を撤去することはできなかった。

ベルリンのミッテ区の区長と区議会議長に解決を迫っても、彼らは歴史学者ではない。国際社会では、「慰安婦問題」に関して悪《あ》しき対日イメージができ上がっている。その中で高圧的に異を唱えても、それこそ飛んで火に入る夏の虫、事態を悪化させるだけである。

韓国系米国人が多く居住する米国各地に、慰安婦像が設置され、「東海併記法案」が近隣の州に広がったのも、韓国系米国人団体が、日本側の動きを逆手に取ったからである。米・バージニア州で「東海併記法案」を成立させた際には、韓国側の主張に同調する州の議員に「良心的日本人」の役割をさせたのだ。

ミッテ区のケースも、それに近い。韓国系市民団体では、ミッテ区の区長と区議会議長に日本の国会議員たちが請願した事実を利用し、侵略した過去を反省しない「日本」を強調して、慰安婦像設置運動を、加速させる可能性がある。

それに日本の国会議員らの行動は、江戸時代の百姓一揆の域を出ていない。請願だけでは、問題解決には至らないのだ。日本としては、区長と区議会議長に「お代官さま〜」とお願いするのではなく、他の「歴史問題」とセットにし、韓国側の動きを封印する戦略と体制を整えなければならないが、日本政府の中には、そうした組織も戦略もない。

■日本の市民団体「『竹島の日』を考え直す会」の訴訟運動

韓国の「東北アジア歴史財団」や韓国の市民団体は、その「良心的日本人」たちに働きかけ、在日韓国人の市民団体等と協働させている。

例えば韓国側では2007年ごろから日本側の歴史NGOなどと協力し、日本の歴史教科書を批判してきた。近年の歴史教科書問題にも東北アジア歴史財団が絡んでおり、対日攻勢を戦略的に行っている。

教科書問題は今でこそあまり話題にならなくなったが、韓国側から「良心的日本人」と称された人々は、日本の歴史教科書に記された竹島の記述についても、慰安婦や徴用工問題と同様、俎上に載せてきた。日本での竹島教育が本格化すれば、再び教科書問題が日本国内で、日本人有識者によって声高に叫ばれる可能性もある。

竹島について、すでにそうした連動が行われている。2013年2月、韓国の「独島を日本に知らせる運動連帯」は、「竹島の日」を憲法違反とする行政訴訟を松江地裁に起こし、棄却されると今度は広島高裁の松江支部に同様の訴訟を起こした。これは大阪の韓国系市民団体、「『竹島の日』を考え直す会」の協力があったからである。

２０１３年5月、今度はその「『竹島の日』を考え直す会」の関係者が竹島に上陸して、「独島は韓国領」と叫ぶパフォーマンスを演じた。その中には、韓国の中央日報の意見広告で「良心的日本人」とされた久保井規夫氏もいた。

■久保井規夫氏の根拠薄弱な「独島」論

久保井氏は先にも紹介した『図説竹島＝独島問題の解決』の著者である。香川大学教育学部を卒業後、大阪府立の小中学校の教諭を務めた人物だ。久保井氏は「『竹島の日』を考え直す会」の理事長で、竹島に関する書籍のほか、慰安婦問題、朝鮮人強制連行など、日韓関係に関する著作を多く手掛けている。『図説竹島＝独島問題の解決』も、「日本政府は江戸幕府時代から明治時代に至るまで、鬱陵島とともに独島を韓国領と認めていた」と主張している。

久保井氏は長久保赤水の『改正日本輿地路程全図』に関心があるようである。外務省の『竹島問題を理解するための10のポイント』で、長久保赤水の『改正日本輿地路程全図』を根拠に、竹島を日本領と説明しているが、久保井氏は「竹島に彩色がなされていない」こと等を根拠に、「むしろ長久保赤水は、竹島を韓国領にしていた」と主張している。

だが長久保赤水は『大日本史』の中で、竹島（鬱陵島）と松島（現在の竹島）を日本領と認識していた。彩色の有無では、長久保赤水が竹島を韓国領にしていたとは言えないのである。

韓国で「良心的日本人」とされる人々は、韓国の研究者と同様に文献を恣意的に解釈する傾向がある。

内藤正中氏も「独島を于山島とする唯一の文献に証拠能力がない」事実については反証できなかったが、韓国側では、独島を韓国領とする際は、古文献にある于山島を独島と読み換え、それを根拠に「独島は歴史的にも韓国領」とするのが通例であった。

だがその独島を于山島とした『東国文献備考』の分注は、後世、改竄されていた事実が実証されている。韓国側には竹島の占拠を正当化する根拠がないのである。

その事実を無視する「『竹島の日』を考え直す会」の創設者は、大阪市内で街宣活動を行って日本批判をしている。それは歴史を歪曲し、日本を貶める行為である。ヘイトスピーチというものがあるとすれば、これもその範疇に入る。罵声を浴びせることだけが、ヘイトスピーチではないからだ。

だが韓国の慶尚北道は２０１９年、その「『竹島の日』を考え直す会」の創設者を「独島平和大賞」に選定し、顕彰した。形を変えた「良心的日本人」は、市民団体の中にもいるのである。

■竹島を売る保坂祐二氏は「良心的日本人」の代表格

韓国メディアで「良心的日本人」の代表格として大活躍しているのが、韓国に帰化した保坂祐二氏だ。世宗大学校の教授であり、大学に付属する独島総合研究所の所長でもある。時に韓国人よりも厳しく日本を指弾するため、韓国では政界、学術界、メディア界で重用されており、２０１３年には韓国政府が「独島領有権」の研究と広報に対する功労を認定し、勲章を授与されている。

まさに「夷をもって夷を制す」を体現するような存在だが、その主張は、やはり歴史的根拠のない、文献や古地図を恣意的に解釈するものである。

保坂氏は2011年に韓国の歌手・金章勲《キムジャンフン》氏と「独島の真実」という動画サイトを開設し、「日本の公式地図に独島は存在しない」と主張、それを竹島が日本領ではなかった証拠としている。だが、この主張はむしろ、史料の読み方が分かっておらず、文献批判を怠ったことを露呈している。

日本が1905年に竹島を編入したのは「無主の地」であったからで、それ以前の地図に竹島が描かれていなかったとしても何ら不思議ではない。竹島問題の争点は、「1905年以前に竹島が韓国領（朝鮮領）であったかどうか」だが、その根拠として韓国側が挙げているものがことごとく否定されている状況にある。保坂氏らがしなければならないのは、こちらからの反論に対する再反論だが、一向になされていない。

保坂氏らの主張がどのようなものか、またそれに対してどのように反論したらよいのか。その詳細は、島根県庁のサイト内にある「Ｗｅｂ竹島問題研究所」を参照していただきたい。民主党の鳩山由紀夫元首相に大きな影響を与えた保坂氏に対して、韓国慶尚北道と独島平和財団は、2018年、「第6回独島平和大賞」特別賞に選出している。保坂氏はすでに国籍は韓国だが、韓国にとってその働きは「良心的日本人」として高く評価されている。

■池内敏氏が展開した下條・川上批判

竹島問題に限らず、日韓の歴史問題では必ず「良心的日本人」が登場し、敵役には「極右学者」のレッテルが貼られてきた。だが、保坂氏の例を見るまでもなく、「良心的日本人」が、必ずしも良心的に歴史研究をしてきたとは限らない。

内藤正中氏の没後、その後継者にされたのが池内敏氏である。池内氏は、鳥取大学を経て、現在は名古屋大学大学院教授。日本近世史、近世日韓関係史が専門だ。

池内氏は2016年、『竹島―もうひとつの日韓関係史』を中央公論新社から上梓した。その目的は、本を読む限り「島根県竹島問題研究会」批判にあるようである。そしてその論理展開は絶妙である。

『竹島―もうひとつの日韓関係史』はその第1章を「于山島は独島なのか――韓国側の主張の検証①」とし、韓国外交部のパンフレット『韓国の美しい島　独島』の記述を紹介し、その中で「(歴史的資料に見える) 于山島は独島である」とする韓国の主張に異を唱えている。池内氏は、第1章の冒頭で『世宗実録』「地理志」に記された于山島は、鬱陵島だとして、韓国の主張を否定している。これは一見すると、于山島を独島とする韓国側の論理を否定したかのように見えるが、これは池内氏流の論理である。ここで池内氏があえて「于山島は鬱陵島だ」としたのは、すでに「于山島は独島ではない」とした川上健三氏と筆者を批判するための基礎作業が必要だったからである。

池内氏は韓国の主張を批判し、その中で川上氏と筆者の主張を相殺したつもりでいるのであろう。そこで池内氏は、下條批判の最後では、自ら否定していた『世宗実録』「地理志」の解釈を恣意的に行い、于山島は独島であるとして筆者の論を批判したのである。

■無理やり「于山島＝独島」の可能性を残す池内論

順を追って見ていこう。

韓国側が『世宗実録』「地理志」を論拠として、独島の領有権を主張するのは、于山島と武陵島（鬱陵島）に関して、次のような記述があるからである。

〈二島は相去ること遠からず。よく晴れた日には、望み見ることができる〉

韓国側ではその二島を于山島（独島）と武陵島（鬱陵島）と解釈してきた。「独島と鬱陵島は互いに遠く離れていないので、よく晴れた日には、望み見える」と、読んだのである。それは実際に、鬱陵島からは独島が見えるからである。

そこで池内氏も「よく晴れた日には、望み見ることができる」を根拠に、二島を鬱陵島と独島のこととしたのである。

だがここで池内氏が『世宗実録』「地理志」に固執せざるを得なかったのには、理由がある。それは于山島を独島とした『東国文献備考』の分註が、改竄されていた事実が実証され、于山島を独島とすることができなくなっていたからである。

そこで池内氏は、『東国文献備考』の300年ほど前に編纂された『世宗実録』「地理志」に依拠して、于山島を独島であるとする可能性を示したかったのであろう。しかしそれは、池内氏が『世宗実録』「地理志」の記事を恣意的に解釈しただけである。

『世宗実録』「地理志」は、『高麗史』「地理志」と同時代に、同じ編者によって編纂されていた。その『高麗史』「地理志」では、「鬱陵島」の一島だけを記して、分註では「一云于山・武陵本二島」（于山島と武陵島を別個の島）としていた。

これは、『世宗実録』「地理志」と『高麗史』「地理志」が編纂された当時、于山島と鬱陵島の区別が十分にできなかったことを示している。

池内氏は、その于山島と鬱陵島の判別ができていない『世宗実録』「地理志」に依拠して、于山島を独島と解釈できる余地を残そうとしたのだ。

だが于山島と鬱陵島の区別ができなかったのは、その1世紀後に編纂された官撰の『東国輿地勝覧』（後に『新増東国輿地勝覧』）でも変わりがなかった。そこでは「一説、于山鬱陵本一島」として、于山島と鬱陵島を同島と見ていたのである。

つまり、『世宗実録』「地理志」・『高麗史』「地理志」・『東国輿地勝覧』では、いずれも于山島は、鬱陵島と対比されていたのであり、竹島ではないのである。

ところが池内氏は、『世宗実録』「地理志」の中の于山島を独島と解釈したのである。それもプロローグでは「于山島は鬱陵島」としながら、筆者を批判する段になると、「于山島は独島」としてしまったのである。

これは池内氏が、「松島は于山島だ」と偽証した安龍福《アンヨンボク》の証言を根拠に、『世宗実録』「地理志」の中の于山島を解釈していたからである。地理志には読み方・書き方の規則があるのだが、池内氏は「必ずしもそうした規則にのっとっていないものもある」として筆者の論を否定したが、これは東北アジア歴史財団が運営する「東北亜歴史ネット」で確認できる韓国側の主張を借用したものである。

池内氏は『竹島―もうひとつの日韓関係史』の終章で、次のように述べている。

〈(李明博大統領の竹島上陸)の後の竹島問題は、もっぱらナショナリズムを鼓舞するものとして先鋭化されることとなった。〈歴史学に限ってみても、文献史学の基本を放棄・逸脱した「論証」「論評」が日本でも韓国でも横行し、それが自らの主観を満足させるものであれば好感を持って迎えられ、そうでなければ激しく排撃されるような傾向が強まった。〉〈一部のマスコミはそうした動きに便乗し、竹島問題の解決にとって全く無意味な史料の発見を繰り返し報じたりしてきた〉

こうした、日韓双方のありようを中立・客観的に批判しているかのように装った池内氏の本は、日本の一部で好意的に受け入れられ、評された。だが、その見かけ倒しは『世宗実録』「地理志」の解釈だけではなかったのである。

このように、池内氏の『竹島―もうひとつの日韓関係史』は、「東北アジア歴史財団」の論理を利用しながら、「島根県竹島問題研究会」と下條批判を4つの論点で批判していたが、池内氏への批判は倍返しができるのである。

■『反日種族主義』の竹島記述にも影響が

池内氏の詭弁は、李栄薫《イヨンフン》氏の『反日種族主義』にも影響を与えている。『反日種族主義』は、韓国内で事実であるかのように語られている慰安婦問題、徴用工問題、竹島問題に関する「嘘」を、「実証的に検証」したとの触れ込みで韓国で出版され、大きな波紋を呼んだ。２０１９年11月には、日本でも翻訳本が文藝春秋から出版され、大ベストセラーとなった。

この本は「日本を永遠の仇と捉える敵対感情からあらゆる嘘が作られ広がる『反日種族主義』をそのままにしていてはいけない」という発想で書かれており、日本では「韓国国内で学者が、実証的に、韓国の『反日』的性質や歴史観を批判したもの」として受け止められている。

韓国に批判的で日本の国益に敏感な日本の保守層も、この『反日種族主義』については好意的に捉えている。

『反日種族主義』では、竹島についても〈独島、反日種族の最高象徴〉として1章を割いている。確かに、これまでの韓国側の竹島論と違ってはいるが、それだけで歴史的に見て正しい客観的記述がなされているかと言えば、疑問が残る。

その例を一つ挙げると、『反日種族主義』では、于山島を「漂う島」として、その「漂う島」の歴史的変遷を池内氏の『竹島問題とは何か』（名古屋大学出版会）を参考に、次のように略述しているからだ。

〈池内敏という日本人研究者が、合わせて116枚の地図に描かれた于山島の位置を追跡したことがあります。それによると、17世紀まで于山島はたいてい鬱陵島の西側にありました。18世紀に入ると南側に移動する傾向を見せます。以後19世紀には東に行き、北東方面に移って行く傾向にあります。このように于山島は、朝鮮王朝時代にわたってさ迷い漂う島でした。幻想の島だからです〉

この李栄薫氏の記述は、歴史学というよりも、文学的である。

■「都合の悪い地図は見なかったフリ」は許されない

李栄薫氏は、朝鮮の歴史の中で、韓国が「独島である」と主張している于山島がどのように記録されてきたのか、池内氏が示した地図だけを見て、文献を通じてその変遷を追うことはしなかった。文学的表現に終始したのは、そのためである。だからこそ李栄薫氏は、池内氏が、なぜ116枚の地図にとどめ117枚目の地図を載せていないのか、それを見破れなかったのである。

池内氏が載せなかった117枚目の地図は、『世宗実録』「地理志」や『東国輿地勝覧』の于山島が、竹嶼として定着することになった、決定的な地図だった。その地図は1711年、鬱陵島捜討使の朴錫昌が絵師に描かせた『鬱陵島図形』である。

朝鮮では、安龍福が鳥取藩米子の大谷家の漁師たちに連れ去られた後、3年に一度、鬱陵島に捜討使を派遣して鬱陵島の姿を描かせていた。その朴錫昌の『鬱陵島図形』では、安龍福が于山島と目した小島に「所謂于山島」と表記したことから、以後、それが于山島とされたのである。

李栄薫氏は、それを「18世紀に入ると南側に移動する傾向を見せます。以後19世紀には東に行き、北東方面に移って行く傾向にあります」と文学的に表現していたのである。于山島（竹嶼《ちくしょ》）は実際に、鬱陵島の東、鬱陵島の苧洞《チョドン》港の北東約2・2キロに位置するからである。

本書の第4章でも述べるが、安龍福が「于山島は即ち松島だ」と供述する17世紀末までは、『東国輿地勝覧』などでは于山島を鬱陵島に対比していた。それが『東国文献備考』で、「于山島は倭の所謂松島なり」と記述される頃には、于山島は松島（現在の竹島）になっていた。

于山島の名は同じでも、その実態は鬱陵島と松島（竹島）の別の島となり、18世紀からは現在の竹嶼を指すようになったのである。

韓国の教科書では、この朴錫昌の『鬱陵島図形』には触れていない。それはそれまで鬱陵島と対比されていた于山島が、鬱陵島東の竹嶼となる決定的な地図だからである。

池内氏が117枚目の地図を載せない理由もそこにある。韓国側から「良心的日本人」と称されるのは、文献が読めていないか、あえて読まないからである。

■李承晩の暴挙は「仕方がなかった」とする『反日種族主義』

この『反日種族主義』は韓国で〈強烈な抵抗と罵倒〉を受けたという。そこで、『反日種族主義』に対する批判に反論する形で『反日種族主義との闘争』が出版された。こちらも2020年9月に日本で出版されている。

『反日種族主義との闘争』では、さらに独島にページを割いている。韓国国内からの反論を紹介し、それに応える形で再反論を試みているのだ。

その結びで、李栄薫氏はこう述べている。

〈私が大いに参考にした日本人学者の本があります。池内敏教授の『竹島問題とは何か』という本です。秀逸な研究書です。まだ韓国には、これほどの研究書は出ていないようです。彼の独島に対する理解は、日本の学界でも少数派のようです。

彼は、「19世紀末まで朝鮮政府と日本政府のどちらも、独島に関する認識や領有意識が不透明だったのは同じだった。日本は、17～19世紀に3回にわたって、『独島は自国の領土ではない』と確認した。客観的に見て、朝鮮側により近い島だったからだ。そのような島を1905年、〃無主地先占の原則〃に従って自国領土に編入したのは、果して道徳的に正当なのか」と、日本人に問うています。

結論的に池内は、「独島問題については両国政府が目くじらを立てて争うのではなく、自身の弱点を謙虚に直視しながら、一歩ずつ引き下がる必要がある」と述べています。

『反日種族主義』でも強調しましたが、私も同じ意見です。私は、地理的要件からすれば独島領有の正当性がなくはないが、また李承晩大統領の独島編入が持つ歴史的意義も

大きいが、それだけで国際社会を説得するのは力不足だと思います〉

こうして、李栄薫氏はまたしても文学的表現を使っているが、先にも見たように池内氏の論には問題が多いことを、李栄薫氏は見抜けなかったのである。

また、李栄薫氏は戦後になって武力をもって強奪したという韓国の竹島占拠の経緯をどう考えているのだろうか。

『反日種族主義』では「韓国の独島編入」として李承晩大統領が李承晩ラインを引いた経緯について簡単に紹介しているが、その過程で日本人の漁民たちが人質に取られ、命を落とした事実については触れていない。

続編の『反日種族主義との闘争』では〈日本の漁船を拿捕し、漁師らを釜山一帯に強制収容した〉としてはいるが、それは「李承晩大統領に日本への不信感があったため」であったとし、〈我々は、日本がソ連、中国、北朝鮮傀儡《かいらい》と同調しようとしていることに失望している〉という李承晩の言葉を引いている。

要するに、独島編入は「日本への不信感と強烈な反共主義によるもの」で、「一度は韓国領だといっておきながら、やっぱり日本領だと決めつけたアメリカへの反発」「ほかの誰もできなかった李承晩のわがままだった」と結論付けているのだ。

■「反日種族＝韓国」の限界を露呈

そもそも、『反日種族主義』は、その前文にあるように李栄薫氏らが「大韓民国初代大統領・李承晩の一生を再評価し、その理念と業績を広く知らしめるために設立された『李承晩学堂』が企画し、刊行した」ものである。

「彼が残した反日政策の副作用、負の遺産を克服する努力も含まれている」としてはいるが、そのために、韓国に独島領有の歴史的根拠がないことを説明しながら、しかし李承晩の編入自体はそうせざるを得なかった理由がある、という結論に至っている。『反日種族主義』『反日種族主義との闘争』を読んだ多くの日本人は、こうした内容についてどう思ったのであろうか。

さらに『反日種族主義との闘争』の結び部分はこう続いている。

〈1965年の独島密約のように、お互いに譲り、尊重し、配慮する姿勢に戻らなければばなりません。それからは、両国の政府と国民が協力する中で、明るい未来の東アジアを作っていかなければなりません。そのような姿勢で、独島を海の真ん中にある無用の岩島ではなく、夜空に光る星へと昇華させなければなりません。両国民が共有する永遠普遍の理性と自由と道徳律の象徴としてです〉

この部分は、第1章で紹介した朝日新聞の当時の論説主幹・若宮啓文氏の「竹島を日韓で共同管理できたらと夢想する」とのコラムを想起させるような内容だ。若宮氏が韓国で「良心的日本人」として重用された理由がよく分かるだろう。

同時に、この『反日種族主義』『反日種族主義との闘争』の2冊は、「反日種族＝韓国」での竹島に関する研究が文学的なもので、歴史研究とは無縁であったことを示しているのである。

第４章

江戸幕府VS安龍福

■韓国の英雄、安龍福とは

韓国には、「独島の英雄」「独島の守護者」と称されて尊崇を集める人物がいる。安龍福《アンヨンボク》である。その安龍福は竹島問題が起こるたびに決まって登場する朝鮮時代中期の人物で、彼の〝証言〟が「独島韓国領」の論拠となっている。

なぜか英雄視されている安龍福の像

これは「慰安婦問題」や「徴用工問題」で、被害者と称される人々の証言が、その歴史認識問題の核心的な証拠とされている事情と似ている。

実際には、元慰安婦と言われた人々は、その時々で証言内容を変え、元徴用工とされた人々は、徴用工ではなく、「徴用令」が交付される以前に、本人の意思で日本に渡った戦時労働者たちであった。

安龍福の場合は、「17世紀末、安龍福という漁民が日本に渡り、独島が朝鮮領であることを日本側に認めさせた」とされているが、その証言に根拠がないことはすでに明らかにされている。だが韓国では今も「英雄視」されている。

そのため、１９６８年、韓国では安龍福の功績をたたえるため鬱陵島に「安龍福将軍忠魂碑」が建立された。２００１年には安龍福が居住していたとされる釜山の水営区に「安龍福祠堂」とともに「安龍福将軍像」が建立され、１９６７年に建てられた「安龍福将軍忠魂塔」も移設されている。

朝鮮では虚偽の歴史が真実の歴史となり、それが建造物となって後世に伝えられるのである。

２０１３年10月には、鬱陵島に慶尚北道が建設した安龍福記念館が開館している。韓国の慶尚北道は、島根県の「竹島の日」に倣って、10月25日を「独島の日」と定めるなど、かつて姉妹提携を結んでいた島根県に対抗するかのように、活発な活動を続けているが、この安龍福記念館もその一環だ。

２０１９年、「独島の日」の前日に当たる10月24日に、安龍福研究会と大邱韓医大学による学術大会が開催された。その主題は「１６９６年安龍福の渡日と独島問題」とされ、安龍福の活動を歴史的に振り返り、安龍福の活躍を通じて新たな独島教育と広報手法を提示することが目的であった。

近年、慶尚北道は「独島財団」を支援し、「安龍福教室」を開催するなど、積極的に普及活動を行っている。2020年11月8日には、「独島財団」が安龍福研究所のある大邱韓医大学と協力関係を結び、「安龍福教室」を開催した。安龍福は「独島教育」や「独島研究」の重要人物なのである。

■韓国の教科書に登場する「安龍福」は、子供たちのモデル

「英雄」安龍福の事績は、韓国の歴史教科書にも記述されている。手元にある1980年代の教科書には、次のような記述がある。

〈独島は鬱陵島に付属する島として、早くからわが国の領土とされてきた。朝鮮時代の初期、流民を防ぐため、鬱陵島に住む人々を本土に移り住ませたが、政府の管理が一時的に弛むと、日本の漁民たちが漁労の拠点として続けて活用してきた。

朝鮮時代の粛宗の時、東萊《トンネ》に住む漁民の安龍福が鬱陵島を往来する日本の漁夫たちを追い払い、日本に渡って独島が我が国の領土であることを確認することがあった。その後も日本の漁民達はしばしば鬱陵島付近に不法に接近し、魚を捕まえていくこともあったが、政府ではそこにわが国の人々の移住を奨励し、官庁を設置して、独島まで管轄するようにした。しかし日本は露日戦争中に独島を強制によって領土に編入してしまった〉（『国史』下）

韓国の歴史教科書では、その後もこの安龍福像が踏襲され、近年、安龍福に対する評価はますます高まっている。

２０１１年2月、韓国の文化教育部が「小・中・高等学校独島教育の内容体系」をまとめ、独島教育の基本方針を定めると、韓国の政策提言機関である「東北アジア歴史財団」は独島教育の副教材である『独島を正しく知る』を編纂。そこで安龍福の2回の日本行きが「安龍福の渡日活動」として取り上げられ、独島教育の重点的な教材にされている。

独島教育では、「日本人に正しく独島が韓国領であることを教えること」が目的とされているため、「独島が朝鮮領であることを日本側に認めさせた」とされる安龍福の活躍は、先駆的なモデルとされているのである。

■全くの「虚像」だった安龍福の〝活躍〟

安龍福は1693年、鬱陵島で漁をしていたところを鳥取藩米子の大谷家の人々に見つかり、朴於屯《パクオドン》という漁民とともに日本へ連れてこられた。これが1度目の「来日」になるが、いわば「領海侵犯」の現行犯として日本に連行されたのである。安龍福は日本で取り調べなどを受け、結果的に朝鮮側に引き渡され、帰国した。

さらに1696年6月、安龍福は鳥取藩の赤碕に着岸し、2度目の来日を果たしたが、強制送還されることになる。竹島に関する問題はこの時に起きた。帰還後、朝鮮側での取り調べに安龍福は「鳥取藩主と交渉し、鬱陵島と松島（現在の竹島）を朝鮮領と認めさせた」と証言したのである。

これが、韓国側が安龍福を「英雄」とする理由だ。

実際には、安龍福は鳥取藩の藩主と交渉することもなく、鳥取沖の賀露灘から追放された、というのが、歴史の事実である。

しかも安龍福の密航事件は鳥取藩から江戸幕府に伝えられ、幕府の方針も決まっていた。幕府は安龍福らを追放するか、長崎に移送するよう、鳥取藩に命じていた。鳥取藩はそれに従って安龍福を追放したため、安龍福が「鳥取藩主と交渉」した事実など、全くなかったのだ。

にもかかわらず、韓国側では安龍福を「『独島朝鮮領』を日本側に認めさせた英雄」としているのである。

だが韓国側は、安龍福が鳥取藩主とは何らの交渉もせず追放された事実を知っているはずである。

東北アジア歴史財団が２０１２年に刊行した『鬱陵島・独島日本資料集Ⅰ』に収録された『因幡国江朝鮮人致渡海候付豊後守様へ御伺被成候次第并御返答之趣其外始終之覚書』に、次のような記述があるからである。

〈因州へ罷り渡り候朝鮮人。訴訟お取り上げなされず、追い返され候（鳥取藩にやって

来た朝鮮人の訴えは取り上げられず。追い返された）〉

自分たちが刊行した資料集に「追い返された」と書いてあるのだから、知らないはずはないのである。

だが韓国ではこの事実を知っていながら、あえて無視しているのであろう。「安龍福教室」を開催する韓国の「独島財団」や「安龍福研究所」はもちろんのこと、韓国側の竹島研究では、その不都合な事実には触れないようにしている。

竹島を韓国領・朝鮮領としてきた文献には、独島を韓国領とする証拠能力がないことが明らかになっているため、唯一残された安龍福の証言は死守したいのであろう。その最も重要な安龍福の証言が偽証だったとなれば、韓国側が竹島を占拠する正当な理由が失われ、竹島を不法占拠する韓国政府の侵略行為が歴然としてしまうからである。

■思い違いだった安龍福証言

このように、鳥取藩主と交渉した事実のない安龍福だが、「独島は于山島で、朝鮮領だ」と主張したことは確かである。では、安龍福は何を根拠に独島は于山島で、朝鮮領だと証言したのであろうか。

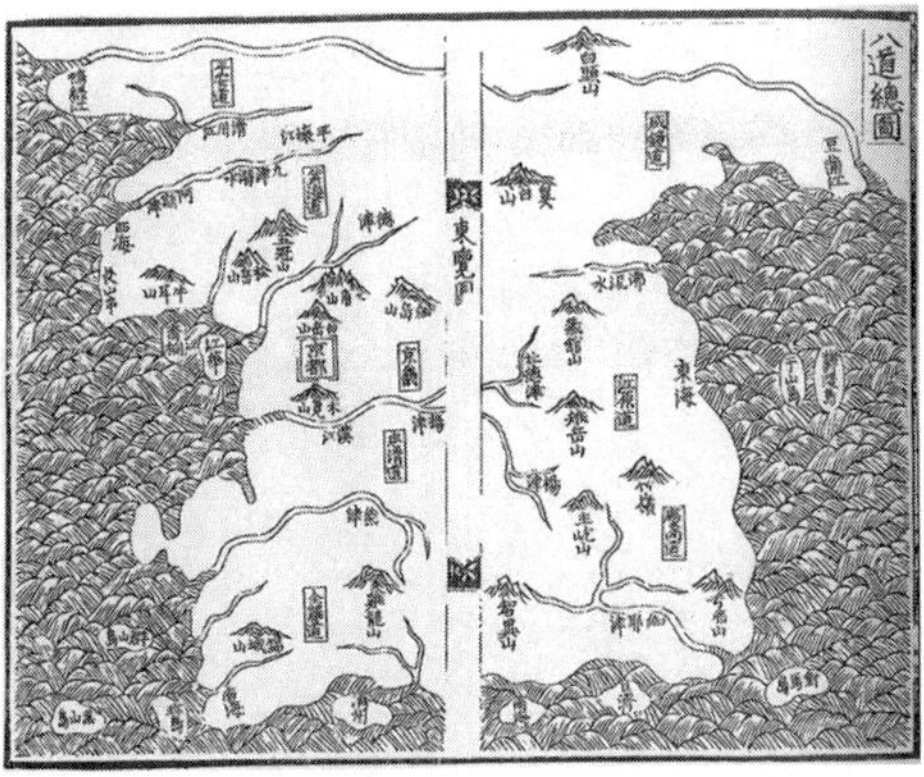

『新増東国輿地勝覧』「八道総図」

1696年5月、2度目の「来日」で安龍福が隠岐に着岸した際、「八道之図」という地図を所持していた。この地図は『新増東国輿地勝覧』に由来する朝鮮地図で、朝鮮の8つの行政区域を8枚に描いた地図を指す。

安龍福はこの「八道之図」を持参し、その中の1枚である「江原道」地図に描かれている「于山島」を「松島（現在の竹島）」と決め付け、「行政区域の地図に載っている以上、于山島＝竹島は朝鮮の領土である」と主張する証拠にしたかったようである。

だが結論を先に言えば、安龍福の言う「于山島」は『新増東国輿地勝覧』の中では鬱陵島に対比される島で、現在の竹島とは何の関係もなかった。

安龍福の「認識」はどういうものだったか。

安龍福は朝鮮政府の取り調べにおいて、1693年に鳥取藩米子の大谷家の漁師などに連行される際、鬱陵島から隠岐へ向かう途中の洋上で「頗《すこぶ》る大きな島」を見たと証言した。その距離は鬱陵島から船でほぼ1日進んだ距離にある、とも証言した。

さらに安龍福は対馬藩での尋問に、「鬱陵島滞在中に2度、島の東北に島の影を見た。だいたい、船で1日くらいの距離のところにある」とし、「一緒に鬱陵島に渡った漁民が、その島は『于山島』であると教えてくれた」と供述している。それが朝鮮側での取り調べには、「確かに鬱陵島を出てから一夜明けた夕食後に、海上でその姿を確認した」と述べたのである。

安龍福は、鬱陵島で漁をしていた時に、東北の方向に大きな島を目撃し、その場にいた漁師に「あの島はなんだ」と尋ねると、「于山島だ」と教えられたという。隠岐島を目前にした洋上で見た島は、漁師が言っていたあの于山島か、と思い込み、さらにその于山島を松島（現在の竹島）と考えたのだ。

そこで安龍福は、「于山島は松島であり、朝鮮領である」ことを鳥取藩主に認めさせるべく、１６９６年に再度、密航してきたのである。

だが、「于山島＝松島」というのは、安龍福の思い違いである。

鬱陵島と隠岐の島の間に「頗る大きな島」はないからだ。

最初の「来日」時、安龍福と一緒に連行された朴於屯は「鬱陵島の前後には、他の大きな島はない」と証言している。朝鮮側で安龍福の供述の真偽を確認した時のことだ。事実、そうした島は存在せず、ましてや松島（現在の竹島）でもない。現在の竹島は鬱陵島や隠岐の島とは比べものにならないほど小さい岩礁だからだ。

安龍福は「日本人たちを追って船を曳《ひ》いて于山島に入ると、日本人たちが魚の膏《あぶら》を煮ていた」「その漁民たちに近づき、煮炊きしていた大釜を杖でたたき割った」とも証言しているが、松島（現在の竹島）に「船を曳いて」上陸できるような場所はない。

だが安龍福は隠岐島に着岸する前日、晩食後の洋上で目撃した大きな島を「于山島だ」と思い込み、加えて「松島（現在の竹島）」としたのだ。当時の朝鮮政府は安龍福の証言内容を朴於屯に確認して、そのような島はないとしていた。だが、安龍福はそれを鳥取藩主に認めさせようと日本に再びやって来たのだから驚きである。

■「独島が見えるのか」実地調査した東北アジア歴史財団

もっと驚かされるのは、現代の韓国である。

東北アジア歴史財団は2008年、1年半をかけて「独島可視日数調査」を実施。鬱陵島の高所から独島が見える日は何日あるのか調査した。安龍福が鬱陵島から「于山島」を見たのは4月のことだったので、「鬱陵島から于山島＝竹島が本当に見えるのか」を実地調査し、安龍福の証言の正しさを示そうとしたのだ。

可視日数調査によると、4月から7月にかけては海霧が発生し、鬱陵島から独島が見えた日は、4月が2日、5月、6月は各1日であった。安龍福が于山島を見たという時期には、ほとんど見えた日はなかったことになる。

それも東北アジア歴史財団の調査は鬱陵島の高所から行ったもので、安龍福のように海辺で「漸《よう》く見た」とする島とは、観測位置が違っていた。「東北アジア歴史財団」が観測したのは、海抜227～276メートルとしているが、安龍福の鬱陵島での漁労活動は島の周辺で行われていた。安龍福はわざわざ鬱陵島の200メートル以上の高所に登って、観測したわけではない。

なぜ、財団がそのような高台に登って観測したかと言うと、200メートル以下の低い位置からでは鬱陵島から独島は見えないからである。

この「独島可視日数調査」の結果を見れば、安龍福が鬱陵島から見たという于山島は、竹島（独島）ではなかったと判断すべきだが、韓国はそうはしなかった。

■韓国側の史料で論破できる「于山島＝独島」説

鬱陵島から見えた「于山島」が、竹島ではないことは明らかである。では安龍福が目撃し、「于山島だ」と教えられ、その後日本人を追って渡ったという島は、一体どの島だったのだろうか。

安龍福が鬱陵島から目撃したという島は竹嶼《チュクト》である。竹嶼とは、道洞《トドン》や苧洞《チョドン》の東北に位置する小島である。

このことは朝鮮側の史料でも確認ができる。

朝鮮政府は、安龍福と朴於屯が日本に連れ去られ、対馬藩との間で鬱陵島の領有権問題が起こると、捜討使を鬱陵島に派遣し、後に慣例としていた。その捜討使の役目は、鬱陵島を踏査し、現状を報告するとともに、『鬱陵島図形』を作図して復命することにあった。

1711年、捜討使の一人である朴錫昌《パクソクチャン》は、絵師に『鬱陵島図形』を描かせている。その『鬱陵島図形』を見ると、鬱陵島の東側には、「海長竹田／所謂于山島」と付記された島が描かれている。そこには「海長竹田」とあるように、女竹が生えていた。この「所謂于山島」は、岩礁の独島（竹島）ではなく、女竹が叢生する竹嶼のことである。

ここで「所謂于山島」と表記されたのは、ここが鬱陵島問題でしばしば登場する于山島、といった意味合いからである。

そのためこの「所謂于山島」は、鬱陵島に捜討使が派遣され、『鬱陵島図形』が描かれるたびに、踏襲されることになった。『新増東国輿地勝覧』や『世宗実録』「地理志」、『高麗史』「地理志」では、その所在が不明確だった于山島も、こうして地図上に定着することになったのである。

この「所謂于山島」は、独島（竹島）ではなく女竹が叢生する竹嶼を指していた。だが安龍福は竹嶼を松島（現在の竹島）だと思い込み、日本に密航して「松島は即ち于山島だ」と訴えたのである。その後、「所謂于山島」から「所謂」が消え、竹嶼は于山島となるのである。そのことは、池内敏氏や李栄薫氏の言説（第3章参照）でも確認できる。

これは資料や実際の位置関係からも明らかなのだが、韓国政府や東北アジア歴史財団は、今もって于山島＝竹島とする安龍福の証言を「独島韓国領」の論拠としているのである。

■「領土侵犯」の犯人の供述は証拠にできない

もう一つ、安龍福が持参した「八道之図」には問題があった。朝鮮側の取り調べで、安龍福が「八道之図」を持参していたことに触れていないことだ。なぜなら、安龍福は朝鮮側の取り調べでは「日本に渡ったのは鬱陵島で日本人に遭遇し、隠岐島に漂着したためだ」と供述しているからだ。

漂着した安龍福が「八道之図」を持っていては、自らの偽証を公言するようなものだ。当時、朝鮮でも地図は国家機密に当たっていた。朝鮮では『新増東国輿地勝覧』の国外持ち出しを警戒していた。その一部を持ち出したとなれば、漂着事件では済まなくなる。

さらに言えば、「八道之図」に松島（竹島）は描かれていないのである。その「八道之図」を示して、安龍福が「松島は右同道の内、子山と申す嶋御座候」として、「江原道には子山島があるが、それが松島だ」「松島はすなわち于山島だ」と強弁したことで、それ以前の文献で于山島とされていたものも松島とされるようになったのである。

『新増東国輿地勝覧』が編纂された当時は、鬱陵島と于山島の区別がつかず、一説として「于山島と鬱陵島は同じ島」としていた（「蔚珍県条」）。

ところが1770年、『東国文献備考』が編纂される過程で、編纂者が安龍福の証言を受け入れ、「于山島は倭の所謂松島なり」としてしまったのである。韓国で教科書や

「公式見解」として「松島はすなわち于山島とする」と書く場合には、この『東国文献備考』の編纂過程で書き換えられた「于山は倭の所謂松島なり」の分註を根拠にしているが、それは安龍福の虚言を基にしている。

事実でない証言が事実のように書き換えられていた以上、『東国文献備考』の文言は「独島韓国領」を示す根拠にはなり得ないのである。そもそも「安龍福がそう証言していた」というだけで、それを根拠に松島（竹島）が于山島であったとは言えないのである。

また、韓国側では日本側の史料である『元禄九丙子年朝鮮舟着岸一巻之覚書』巻末の「朝鮮之八道」に「江原道　この道中に竹嶋松嶋これあり」と記されていることから、「日本も竹島（現在の鬱陵島）と松島（現在の竹島）を江原道に所属する島だと認めている」と主張しているが、これは文献を正確に読んでいないからである。

そこに「朝鮮人出候奉書目録」と記されている通り、安龍福の発言をそのまま書き写したに過ぎないからである。当事者の証言だからといって、誤解と思い込みによる証言をそのまま証拠として使うことはできない。

だが文献批判や歴史事実の検証をおろそかにする韓国側では、当事者や被害者の証言は歴史の事実に決まっている、とする傾向がある。それは近年の「慰安婦問題」や「徴用工問題」でも繰り返されている。歴史問題を声高に叫ぶ韓国側には、歴史研究の基本を踏まずに、文献を恣意的に解釈する傾向があるのである。

■韓国側の主張こそ「朝鮮史を軽視する」ものである

安龍福の証言に信憑性がないことは、当時の朝鮮政府も認めていた。だが韓国の東北アジア歴史財団は、こう述べているのである。

「(安龍福の証言内容は)朝鮮の備辺司でも徹底した調査がなされたもので、それを記録した朝鮮の官撰書の記録が真実でないとする日本側の主張は受け入れ難い」

だが「朝鮮の官撰書」に収録されているのは、越境罪人として取り調べを受けた安龍福の供述調書である。被疑者の供述を検証することもなく、「真実」とする独断こそ受け入れ難い。

事実、その朝鮮側の供述調書は、安龍福の密航事件が朝鮮の廟堂で議論された際にも、その信憑性が疑われていたのである。

例えば領議政の柳尚運は、安龍福を「法禁を畏れず、他国に事を生ずる乱民」とし、「龍福、彼の所（鳥取藩）に到り之を為すこと」「尽《ことごと》く信ずべからざるものあり」とした。「鬱陵島に渡るなという禁令を破り、他国との間に外交問題を起こした乱民であり、鳥取藩との間でしたことは全く信じられるものではない」と言っているのだ。

朝鮮側の資料に記録されているにもかかわらず、東北アジア歴史財団が、「朝鮮の官撰書の記録が真実でないとする日本側の主張は受け入れ難い」としたのは、それこそ朝鮮史を軽視する主張である。

当時の朝鮮政府は、「末世の奸民、必ず事を他国に生ず」として、安龍福を厳罰に処さないと、後世の奸民たちが必ず他国との間で問題を引き起こす、と危惧していたのである。そしてこれは、今日現実となっている。

■安龍福は「乱暴なる者」だった

その安龍福については、日本側にも詳細なエピソードが残っている。

まず1度目、大谷家の漁師たちに連行されてきた時のことは、岡島正義『竹島考』のほか、鳥取藩の『御用人日記』や『控帳』などに記録されている。その内容を少し紹介したい。

鳥取藩に連れられて来た安龍福は、江戸幕府の指示で長崎に護送されることになったが、米子の大谷家から鳥取城下に安龍福を移動させるだけでも「乱暴なので女子供は見学禁止」とのお触れが出されていた。さらに長崎に送還する際も、その道中は大変なものだった。「今日は行かない」などとわがままを言うので、金銀を与えてなだめる始末だった。

さらに、朝鮮に送還されたのちには、こんな証言をしている。

〈竹島（鬱陵島）で捕らえられ、7日目に江戸に行った。江戸では自分を捕らえた日本人は断罪され、私は木綿布の衣服、金銀などをもらい、ごちそうされ、（その内容は）

一汁八菜ほどもあった。長崎まで乗り物に乗り、左右を扇いでくれた。だが、長崎で対馬藩の役人に渡され、対馬へ連れていかれたら金銀は奪われ、文書も取り上げられて囚人にされてしまった〉

安龍福は江戸には入っていないし、対馬藩では鳥取藩が一時的に与えた金品を引き取ったに過ぎなかったが、安龍福は自らを被害者であるがごとく証言したのである。

この事実を朝鮮側から聞いた対馬藩は反発し、「対馬が（安龍福の金品を）奪ったなどというのは全く心外だ」と朝鮮側に通達している。

■「米をくれ」と申し出た安龍福

さて、２度目に日本に来た時の安龍福については、『元禄九丙子年朝鮮舟着岸一巻之覚』に残された記録から、その片鱗を覗《うかが》うことができる。

１６９６年（元禄９年）５月20日、安龍福ら一行11名は、「鳥取藩に願いの儀がある」として隠岐の大久村（旧東郷村の一部の地域）に密航してきた。

1693年、鳥取藩米子の大谷家の漁師らに、「越境侵犯の生き証人」として連れて来られた時は、「私奴」の身分であった。それが今回は、「通政大夫」に大出世し、「三品堂上臣、安同知」を名乗ったのである。

この「通政大夫」は、日本で言えば正三位に該当する高官で、「同知」は、朝鮮の東萊府にいた通訳官の呼称である。また「堂上臣」は、「堂上官」のことのようで、朝鮮では王と直接会話のできる身分であった。

最初、日本に連れて来られた時の安龍福は、「猛性強暴ナル者」とされていたほどだったが、2度目は隠岐の在番役人に対して、「鳥取藩に訴訟するために来航した」と述べ、「自分は、朴於屯とともに4年前、鳥取藩米子の船で連れ去られたものだ」と自身の素性を明かしている。

隠岐の大久村に着岸した時には、次のように語っていた。

〈3月18日の朝飯後、朝鮮を13艘《そう》で出発して、同日の夕方、鬱陵島に着いた。その13艘のうち、12艘は鬱陵島でワカメとアワビを採り、竹を伐採している。朴於屯はいま、鬱陵島にいるが、われわれ11人は鳥取藩に行って、殿様に申し上げたいことがあってやっ

て来た。しかし天候が悪くなり、大久村に立ち寄った〉

だが、安龍福が隠岐に立ち寄った理由はもう一つあった。安龍福はこうも述べているからだ。

〈朝鮮を出発する際は食料も準備してきたが、食べてしまい、今は飯米も乏しくなった〉

つまり、安龍福が隠岐に来たのは、食料が底を突き始めていたからである。

事実、安龍福は飯米に困っていた。在番役人の事情聴取が終わった後、安龍福は大久村の庄屋と在番役人に「乾し鮑《あわび》」６包みと書簡を差し出したが、そこには「生菜・青菜・実菜・請」（菜っ葉や木の実を請う）と記されていたからだ。

そこで大久村では、ネギやカヤの実、セリ、ショウガなどの準備をしたのである。

■またしても「米をくれ」と言いだす安龍福

すると翌日、今度は安龍福から「飯米がなくなり、夕飯が食べられない」とする書付が提出された。庄屋らが行って確認すると、安龍福は「飯米がなくなり困っている。朝鮮では他国の船がやって来たときは、食料を給することになっている。当地ではそうしないのか」などと言いだしたのである。

そこで庄屋は、「当地でも異国船が漂着した時などは、相応のことをしている。だがあなたがたは（漂着したわけではなく）訴訟のために来たのだろう。それなら飯米は用意をしてくるべきではないか」と応じて、その厚かましい要求を問いただした。

すると安龍福も「不審に思うのももっともだ、鬱陵島を15日に出帆したので、そのまま日本に着いた」「日本に長くとどまるとは思っていなかった」と言うのである。

庄屋らは、安龍福らの挙動を不審に思いながらも、安龍福には、「では、船の中を確認してから対応を検討しよう」と返答した。すると安龍福は、「なるほどその通りだ」と応じ、船の中を見せたのである。

船の中には、白米3合が残るのみだった。庄屋は番所の役人にこのことを伝え、安龍福にこう伝えている。

〈当地では昨年、不作だったため米が払底した状態にある。あっても悪米で、それでよ

ければ少しくらいは工面できるかもしれない〉

それを聞いた安龍福は「それでもいい」と答えたので、大久村ではまず白米４升５合（約６・５キロ）をかき集めて安龍福に与え、番所から届いた米を精米したものと合わせ、１斗２升５合（約20キロ）を安龍福に提供した。

これに安龍福は、「その量なら、21日の夕食と、22日の３度の飯米になる」と答えたので、村ではその見当で、米の工面ができると安龍福に届けていたのである。

■安龍福が「鳥取藩」に願い出たかったこととは

安龍福が大久村に着岸したのは、鳥取藩に向かう途中、食料が欠乏したためその確保が目的であった。

しかし隠岐では、「鳥取藩に願いの儀あり」としただけで、具体的なことは何も述べていなかった。そこで在番役人は下役を通じて、「朝鮮から伯耆国《ほうきのくに》（鳥取）に何かを訴えるために来たらしい」と、鳥取藩に通報したのである。

すると安龍福ら一行11人もそれと前後して、鳥取藩に向けて出帆し、6月4日、鳥取藩領内の赤碕に着岸した。

その安龍福らの船の舳には、「朝欝両島監税将臣安同知騎」「朝鮮国安同知乗舟」と表裏に記した木綿の船印が立てられていた。だが「朝欝両島監税将」は、実在しない官職である。安龍福としては、朝鮮の鬱陵島と于山島の「租税徴収官」を僭称《せんしょう》することで、さも于山島が朝鮮領であるかのように、偽装したのである。

鳥取藩によって追放され、朝鮮に帰還した安龍福は、朝鮮政府の取り調べに対しても、「欝陵子山両島監税」とした船印を立て、鳥取藩領に着岸したと証言している。

この時の安龍福の供述調書の一部は、『粛宗実録』にも収録されている。

〈鬱陵島の山には雑木鷹烏猫が多く、倭人もまた多く来泊していました。(同行した)皆は恐れましたが、私(安龍福)は声を上げ、「鬱陵島はもとよりわが境域である。倭人は何故、越境侵犯するのか、おまえら皆、縛ってしまうぞ」と言って、さらに船の先に進んで大喝しました。

すると倭人が言いますには、「もともと松島(現在の竹島)に住んでいて、たまたま漁採のために（鬱陵島へ）やって来たが、今ちょうど本所（松島）に行こうとしているところだ」。そこで私は、「松島（現在の竹島）は即ち子山島（于山島）だ。これもまたわが国の地である。おまえらどうしてそこ（松島）に住めるのか」。

ついに私は翌暁、船を引っ張って子山島（于山島）に入りました。すると倭人たちはちょうど大釜を並べ、魚膏を煮ているところでした。私は杖でこれを突き破り、大声で叱りつけますと、倭人たちは釜などを聚《あつ》めて船に載せ、帆を揚げて帰っていきました。そこで私は、船で追いかけましたが、急に強風に遭って隠岐島に漂着しました。

島主（隠岐島の領主）が入来の故を尋ねるので、私は、「先ごろ、私がここに来た際、鬱陵島と子山島（于山島）を朝鮮領と定め、関白（将軍）の書付が作られているはずだ。だが本国（この地）では徹底していないようだ。今またわが境界を侵犯している。これは道理と言えようか。それ故、この事実を伯州（鳥取藩）に伝えてほしい」。

しかし何の返答もなかったので、私は憤慨に耐えず、船に乗って直ちに鳥取藩に向かった。その際は、「欝陵子山両島監税」を仮称し、人を通じて鳥取藩に伝えると、鳥取藩では人馬を送って迎えてくれた。私は青帖裏を服して黒布笠を着け、皮鞋を穿《は》いて轎

（駕籠）に乗った。他の人々は並んで馬に乗り、鳥取藩に向けて進んで行った。私は主（鳥取藩主）と庁上に対座し、諸人は並んで中階に下座しました。

鳥取藩主が「何故やって来たのか」と問いますので、「先に両島（鬱陵島と于山島）のことで、両島が朝鮮領であるとする書付が出されたのは明白ではないのか。だが対馬藩の島主（藩主）がその書付を奪い取り、江戸幕府と朝鮮政府の間で偽りの使臣を派遣しては、鬱陵島が日本領であると主張するのは、法を偽る犯罪ではないのか。私としては、関白（将軍）に訴え、（対馬藩の）罪状を明らかにしたい」と言うと、鳥取藩主は許してくれた。

そこで同行の李仁成に訴状を書かせ、江戸幕府に提出しようとしたところ、そこに島主（対馬藩主）の父が来て、懇《ねんご》ろに鳥取藩主に言うには、「もしもこの訴状が（幕府に）届けば、わが息子（対馬藩主）は必ず重き罪を得て殺されるだろう。どうか訴状を提出しないでほしい」。このため訴状は関白（将軍）に提出されなかった。

しかし前日、境を犯した倭人15人は捕らえられ、処罰された。そこで（鳥取藩主が）私にこう言いました。「両島は既に朝鮮領に帰属したが、今後また境界を犯す者がいれば、鳥取藩主がことごとく不法侵犯として厳罰に処し、さらに国書を送って、訳官（通訳官）を派遣して寄こせば、境界を犯した者を厳しく罰してやろう」

さらに（鳥取藩主は）帰還の食糧を給与し、家臣を選んで護送しようと言ったが、私は「一緒に行けば弊害がある」と言って、これを辞退しました〉（『粛宗実録』巻30、粛宗22年丙子九月戊寅条）

■朝鮮側も判断が割れていた安龍福の処遇

この安龍福の供述で歴史的な事実があるとすれば、「鬱陵子山両島監税」を仮称したことと「青帖裏を服して黒布笠を着け、皮鞋を穿いて」いた2点だけである。

この安龍福の供述に対して、朝鮮の高官たちはいずれも虚偽の証言と見ていた。だが朝鮮内には対馬藩との鬱陵島を巡る問題で、「遵法派」と「情緒派」の対立があり、それが安龍福の処遇にも影響を与えていた。

「遵法派」は、安龍福が国禁を犯し、朝鮮政府に無断で訴訟事件を起こしたとして、法に基づいて極刑に処すべし、と主張。「龍福を殺さずば、則ち末世の奸民、必ず事を他国に生ずる者多し」と、後世、同じようなことをする民が出てくることを警戒したのだ。

一方「情緒派」は、これまで朝鮮政府は日本側との窓口が対馬藩しかなかったが、安龍福は対馬藩を出し抜き、新たな外交ルートを開拓したので評価すべき、とした。

結果、「情緒派」が優勢となり、安龍福に対する評価は国禁を犯したことよりも、「鳥取藩主と交渉し、鬱陵島と于山島を朝鮮領と認めさせたことは評価すべき」とし、「国家ができなかったことを安龍福はよくやった」とされ、「一罪をもって断ずべからず」として、死罪にはしなかった。この時の判断が、後に安龍福を英雄視することにつながったのである。

安龍福を「独島の英雄」とする視点は、すでに17世紀末ごろに生まれていたことになる。

■第二、第三の安龍福を生まないために

この安龍福の存在は、今日の私たちに大きな教訓を与えてくれる。近年の慰安婦問題や徴用工問題でも、安龍福の遺伝子を受け継いだ証人が多く出ている。気の毒な身の上を語ることで、証言の細部が検証されないままそれを事実と認める傾向が、日本側にも多くある。

だが、特に韓国との歴史問題に関しては、客観的な事実を明らかにする努力を怠るべきではない。「河野談話」や「村山談話」のように「真偽はともかく、先に謝ってしまおう」という姿勢は日韓関係の改善には何の役にも立たないからだ。

「徴用工問題」でも、韓国の最高裁が下した「日本側の資産を差し押さえよ」との判決に日韓議員連盟の日本側議員も応じるような態度を見せているが、こうした軽々しい対応は断じてすべきではない。

それは第二、第三の安龍福を生み出すことになるからだ。

第5章

日本海VS東海

■日本が劣勢に立たされていた「日本海呼称問題」

海図に「日本海」継続へ

「東海」併記なし　韓国反対せず

国際機関指針

韓国が日本海の呼称に「東海」の併記などを求めている問題について、国際水路機関（IHO）■が16日から開始した総会で、日本海と単独表記する指針の継続を了承する見通しとなった。各海域を名称ではなく、数字で表記するデジタル版の海図を新たに作成する方針も決定される方向だ。

〈関連記事4面〉

デジタル版は呼称なし

日本政府関係者が明らかにした。オンライン形式による総会は16～18日の日程で開催され、IHOの事務局長案として日本海単独表記の指針継続とデジタル版海図の作成が提案される。総会出席国による全会一致が原則で、日本政府関係者によると、韓国を含め加盟国から明確な反対は出ておらず、17日未明にも了承される見込みだ。

IHOは各国が公式の海図を作成する際に参考にする指針「大洋と海の境界」を作成している。指針には各海域の名称が記載されており、日本海の海域は1928年の初版から現行版の第3版（53年作成）まで「Japan Sea」と記され、日本海単独表記の根拠の一つとなっている。

これに対し、韓国は「東海」の呼称を独自に使用し、1990年代からIHOの場などで、日本海ではなく「東海」とするか、日本海と「東海」を併記するよう主張してきた。事務局長案は、現行の「大洋と海の境界」について「引き続き公に利用可能」とするなど、今後も日本海単独表記の正当性を認める内容となっている。

一方、IHOが新たに作成するデジタル版海図では、「日本海」「太平洋」といった呼称を使わず、数字で海域を記す。「事務局長が韓国の主張に一定の配

■国際水路機関（IHO）　船舶の安全な航海のための海図改善や、測量の技術開発促進を目的とした国際機関。現行機関は1970年に設立され、モナコに事務局がある。加盟国は日本を含めて93か国で、総会は3年に1回開かれる。IHOはInternational Hydrographic Organizationの略。

IHO事務局長案のポイント

- 「日本海」と単独表記するIHOの指針を今後も継続
- 各海域を数字で記すデジタル版の海図を新たに作成
- 日韓両政府とも事務局長案に反対しない見通し

ロケットの発射台に向かう野口聡一・宇宙飛行士（55
州のケネディ宇宙センター

2020年11月17日付／読売新聞

竹島問題と関連して、韓国が問題にしてきたのが日本海の呼称である。韓国は「『日本海』は本当は『東海』という名だった」と主張し、国際的に浸透させるべく長年にわたって宣伝活動を行ってきた。

だが、2020年にこの問題については一応の決着がついた。「日本海」表記が唯一の呼称・表記であり、「東海」表記や両者の併記については正式なものではない、と国際水路機関（IHO）が結論を出したからだ。

2020年12月1日、読売新聞は「『日本海』単独表記、国際機関が指針維持を正式決

定」とウェブ版で報じた。11月17日に紙面で報じていた〈海図に「日本海」継続へ〉との見通しに続くものだった。かねてから韓国が地図などの「日本海」表記を「東海」に変えるか、「日本海」と「東海」を併記するよう求めてきたことに対し、国際水路機関が同年11月に行った国際会議で、「公式の海図には『日本海』と単独表記する指針」を維持することを正式に決定したというのだ。

これは約30年にわたる韓国との攻防を経て、日本がようやく勝ち取った「『日本海』単独表記」だった。

事実、「『日本海』単独併記」は劣勢に立たされていた。韓国側によると世界の地図で「東海併記」とするものは、２０００年は２・８パーセントだったが、２００９年には28パーセントに達した。２０２０年には40パーセントを目標とするまでになったとして、韓国側は自画自賛していたのである。

いつの間にそのような状況になっていたのか、と驚く読者もおられるかもしれない。本章ではその経緯と、結果的に「日本海」が認められたが、日本政府がかなり追い込まれ、劣勢に立たされていた事情などについて述べたいと思う。

■「東海呼称は日本海よりも古い」と主張

「日本海呼称問題」は、1992年、国連地名標準化会議の場で、韓国政府が日本海（the Sea of Japan）の単独表記を問題として、韓国側の呼称である東海（the East Sea）にすべきだ、と主張したのが始まりである。

韓国側が日本海の呼称を問題にした背景には、「独島が日本海の中にあると、日本の領海の中にあるようで不適切である」との理由があった。それを韓国側ではあたかも歴史上の論争であるかのように「東海の名は日本海より古い」「歴史的根拠がある」「日本の帝国主義に押されて主張できないでいるうちに、日本海が定着してしまったのだ」と主張し始めたのだ。

韓国は1994年、歴史学者や地理学者を集めて社団法人の「東海研究会」を発足させ、以降、「日本海」を「東海」にするための運動を展開してきた。1997年、韓国側が国際水路機関で日本海と東海の併記を求めると、以後は「東海併記」が「日本海呼称問題」に対する基本戦略となった。「日本海」をすべて「東海」に書き換えさせることが困難であると見ての作戦変更であった。
「併記」戦略は、早くも１９９５年、東海研究会によって「東海の地理名称の国際セミナー」を開催し、翌年には、「東海の地理名称の国際ワークショップ」でも展開されている。

東海研究会の目的は、「東海の妥当性を広報し、この名称を標準化するため、国内外の専門家たちを招請して、国際セミナーを開催すること」にあった。筆者も偶然から、「国際セミナー」（以後、東海セミナー）に一度、一般聴衆として参加したことがある。

当時の筆者は韓国の仁川大学に勤務しており、たまたまソウルのプレスセンターで開催されていた第２回の「東海セミナー」の会場に入ることができた。そのセミナーで演壇に立ったのは、国連地名標準化会議の議長と国際水路機関の事務総長であった。

この時の「東海セミナー」には、日本からも研究者が呼ばれていたが、その日本人研究者の演題は、「環日本海研究の歩みとその意図」であった。東海の標準化を意図するセミナーでの発表としては、場違いな印象を受けた。この「東海セミナー」での日本人の発表は、２００１年の第７回を最後として、以後、登壇した者はいない。「日本人学者にも講演をさせている」ことで公平性を装うためのアリバイ作りとして呼ばれたようなもので、以後はその必要を感じなくなったのであろう。

その後の「東海セミナー」には、ロシアや米国、中国の研究者が呼ばれ、韓国側の意図に沿った発表がなされている。「東海セミナー」は、学術的・中立的な催しではなく、東海の妥当性を広報するプロパガンダの場だったのだ。そのため国連地名標準化会議と国際水路機関の関係者を招請するなどして、韓国側の主張に同調する人士の獲得を目指していたのである。

■「2000年前からの呼称」と韓国が言う理由

そもそも韓国側は、何を根拠に「日本海は正式には『東海』である」と主張しているのだろうか。

韓国側の主張によると、1929年、国際水路局（現在の国際水路機関）で、海図や地図の標準となる『大洋と海の境界』が編纂された際、韓国は日本の植民統治下にあった。そのため韓国では２０００年前から使われてきた東海の正当性を主張する機会が閉ざされ、日本海となってしまった。今こそ日本海に代えて、韓国が２０００年間使用してきた東海に改めるべきだ、というのがその論理である。

だが一方で、東亜日報の１９４６年６月15日付の記事では、「東海か？　日本海か？」とした見出しの記事がある。東海が日本海の呼称とされるのは、20世紀の中頃からである。それを韓国側は「東海の表記は２０００年前から使用されてきたが、国際水路局の『大洋と海の境界』に採用されなかったのは、日本の植民統治下にあったからだ」という。これは伝統的な「反正」のために創り出された論理である。

「『東海』は２０００年前から使われてきた」とする根拠はどこにあるのだろうか。

２００４年12月、東海研究会が「２００４年　海洋水産部学術分野報告書」のためにまとめた『「東海」名称の国際的登用のための戦略開発』では、「東海の名称は２０００年前から使用されていた」として、12世紀に編纂された『三国史記』（「高句麗本紀」）の記事を論拠とした。そこには確かに「東海」と記されているため、それを現在の「日本海」を指すものとしたのである。

同様の主張は、２００４年に韓国の国立研究調査院が刊行した小冊子『Ocean Atlas of KOREA East Sea』でもなされている。

さらに韓国は「日本海」の表記は、マテオ・リッチが１６０２年に作製した『坤輿万国全図』に載ったのが最初だとして、それよりも古い時代から使われていた韓国の「東海」表記こそ正しい名称だ、と言うのである。

■「古地図の数比べ」では結論が出ない

その他にも、韓国側は「広開土王碑」や『新増東国輿地勝覧』所収の「八道総図」、『我国総図』等に「東海」の文字があると、それを現在の日本海に読み換えては、「日本海は東海であった」証拠としてきた。

後に詳しく説明するが、こうした韓国側の主張は全て文献が正確に読めていないだけで、何の根拠もない。その事実を日本政府が指摘していれば、日本海の呼称をめぐる論争は終わっていたはずだが、日本政府はその正攻法を取らなかった。

では日本政府は何を主張してきたのか。日本政府は「日本海は世界が認めた唯一の呼称である」と言い続けてきたのだ。

その論拠を示そうと、日本政府は２００２年12月から世界の主要な図書館に赴いて、古地図の調査を始めている。外務省のホームページによると、最初はイギリス（２００２年）、その後、フランス（２００３年）、米国（２００４年）、ロシア（２００６年）、ドイツ（２００７年）などでも地道な調査を行っていた。

外務省はその調査結果に依拠して、「日本海は世界が認めた唯一の呼称」であることを理由に、「東海呼称のほうが歴史的に古い」とする韓国側の主張を退けようとしてきたのである。日本政府は「世界的認知」を論拠とし、朝鮮政府は「歴史的に古い」ことを主張している。互いの争点は最初からずれていた。

確かに、外務省のホームページ等で公表されているように、世界の古地図では日本海と表記したものが多く、朝鮮海や韓国海とするものはあっても、東海は皆無に近かった。だが韓国側は、外務省の調査報告を認めなかった。そこで日本政府に対抗して、韓国側も世界にある古地図調査をして、「日本海よりも韓国海、朝鮮海と表記したものが多い」

と報告したのである。

この古地図調査は、結局、水掛け論に終始した。「どちらの表記の地図が多いか」を比べても、世界中にある全ての地図を数え上げることは不可能だ。自説に合わない地図は数えないのだから、正確な数字は出てこない。議論は平行線をたどらざるを得ず、決着がつくはずもなかった。

その間、韓国側は東海研究会だけでなく、2006年9月からは韓国政府の政策提言機関である東北アジア歴史財団が「東海問題」に参画し、東海研究会とともに海外での広報活動を本格化させるに至った。彼らが主張する「歴史的根拠」に加え、「日本帝国主義の時代に口を封じられた」というエピソードを武器に、「『東海』こそ正しい」として海外広報に努めて、既成事実を作る戦略に出たのである。

■1992年に論破できていた韓国の主張

筆者はすでに1992年の時点で、韓国側の歴史上の主張に根拠がない事実を指摘しておいた。それも当時、三星電子との関係があった筆者は、同じ三星系列だった韓国の中央日報に寄稿することができた。

このあたりのことについて少し振り返っておきたい。

筆者は96年から98年にかけ、竹島問題について韓国側の研究者と論争をするなど、人生の岐路に立たされていた。論争の影響で、当時、勤務していた韓国の大学には、外部から抗議の電話がかかってきていた。そのためなのか、１９９８年には、勤務先の仁川大学校から契約をしないと告げられ、翌年、韓国を後にすることになった。

当時の仁川大学校の総長は、のちに韓国の東北アジア歴史財団の3代目の理事長に就任する韓国の竹島研究者でもあった。しかし幸いなことにこの時は拓殖大学に新設された国際開発学部の一員として職を得ることができた。

帰国して3年目の２００２年8月、竹島問題と日本海呼称問題が日韓のマスコミで話題になった。韓国では鬱陵島と竹島を国立公園に指定すること、さらに、世界の地図から「日本海」が消えると伝えていた。

8月15日付の朝日新聞は、「日本海の名称ピンチ」として、韓国側が東海の名称を主張するのは、日本海の名称が「日本の植民地政策により押し付けられた名称」との認識が背景にある、と報じていた。

2002年8月27日から9月5日にかけてベルリンで開かれた第8回国連地名標準化会議でも、韓国は「東海問題」を議題に挙げていた。しかも、この時は北朝鮮と組んで、「東海問題」を提起している。

そして韓国側は、「過去において日本海には様々な名称が使われていた」ことを理由に、過渡的措置として日本海と東海の名称を併記することを求めたのである。1992年から働きかけてきた「東海の単独表記」が難しいと分かると、次に「日本海と東海の併記」を提唱して、戦術の転換を図ったのである。

これに日本の代表団（外務省・国土地理院）は、「この会議は個別の地理的名称を議論すべき場ではない」との原則的立場を述べ、「日本海呼称に関する実際の歴史的経緯は北朝鮮および韓国の主張とは異なる」「日本海はすでに国際的に定着している名称である」と主張した。

この時は韓国・北朝鮮の主張は取り上げられず、会議では「この問題は関係国間で解決に努力すべきである」、「個々の国は国際社会に対し、個別の名称を押し付けることはできず、地名の標準化はコンセンサスがある場合にのみ促進される」との議長サマリーが出された。以後、「日本海呼称問題」は、日韓の直接戦の様相を呈することになるのである。

■韓国の主張は破綻している

だが、１９９２年の時点で、すでに韓国側が日本海を東海とする論拠の一つが破綻していた。それが１９９２年９月30日付の中央日報に掲載された拙稿である。その経緯を説明すると、次のようなものであった。

その寄稿の前に韓国の中央日報は１９９２年９月15日、「朝鮮時代の文献も『東海』、表記」「日本海は無理」と報じた。記事では、韓国の研究者が『東国輿地勝覧』の「八道総図」に記された「東海」という表記を根拠に、「この地図は、19世紀後半から『東海』は『日本海』であったとする日本側の主張を完全に制圧できる重要な史料」としていた。

しかしその「八道総図」に描かれた「東海」は、朝鮮時代の『祀典』に記された「東海神祠」の位置を示すもので、日本海とは全く関係がなかった。それを日本海の呼称としたのは、文献が読めていない証拠であった。

そこで筆者は中央日報（1992年9月30日付）に寄稿して、韓国の研究者の恣意的な文献解釈の問題点を明らかにし、安易に過去の歴史を問題にする弊害を指摘した。

その際、傍証として挙げたのが、韓国の研究者が論拠としていた『新増東国輿地勝覧』収載の「江原道図」である。

『新増東国輿地勝覧』「江原道図」

朝鮮時代、その最も大きな行政区域を「道」と呼び、その「道」は8つあった。その一つが「江原道」である。「江原道図」はその行政管轄区域を描いたもので、江原道の襄陽に「東海神祠」が鎮座していた。

その「八道総図」に描かれた「東海」は、

日本海ではなく、「東海神祠」の位置を図示していたのである。さらに「江原道図」を見れば、当時、朝鮮では海洋をどのように認識していたか、確認ができたはずである。「江原道図」には、江原道の外廓を示す「四至四到」が明示され、海洋が途切れる地図の周縁部には、「東北、大海に抵(至)る」「東、大海に抵(至)る」などと明記されている。『新増東国輿地勝覧』では、近海と遠海（大海）を区別していたからである。

これは「八道総図」に表記された南海と西海でも言えることであった。「八道総図」の南海は全羅道の「南海神祠」のことで、西海は、黄海道の「西海神祠」の位置を示していた。それを『新増東国輿地勝覧』に収載された「全羅道図」と「黄海道図」で確認すると、海洋が途切れる周縁部には、やはり「大海に抵(至)る」と表記されている。

この事実は、「八道総図」の東海は、東海神祠の場所を示し、今日の日本海に当たる海域は、「大海」として認識されていたということである。韓国側が主張する論拠の一つは、早くも１９９２年の時点で、破綻していたのである。

■持論に固執し、韓国に押し込まれつつあった日本政府

しかし2002年になっても、日本政府は「日本海こそが唯一世界に認められた呼称である」として、韓国側の歴史的論拠が破綻している事実には関心がなかった。

そこで筆者は「竹島問題と〝東海問題〟」と題した論稿を、雑誌『日本』の2002年11月号に掲載してもらった。先の中央日報に寄稿した記事に加筆して、韓国側の東海に対する誤った歴史理解を糾す目的からであった。

ヒントとなったのが、2000年の夏、文春新書『竹島は日韓どちらのものか』の執筆のため、鬱陵島を訪れた時に目撃した横断幕である。

鬱陵島に建設された「独島博物館」下の山肌には、「東海は方位の概念、朝鮮海が固有の名称」とした横断幕が下げられていた。この横断幕の文言は、韓国の研究者が『新増東国輿地勝覧』の「八道総図」に描かれた「東海」を日本海とした論理に対しても、反論の材料として使えるものだった。「『東海』は方位の概念で、海の名前ではない」としていたからだ。

さらに参考にさせてもらったのが、『芝峰類説』に記された李睟光の見解である。

「中国の東海、即ち我国の西海」「世の称する所の四海は、ただ中国に拠《よ》って言う」

李睟光は、「東海」には歴史的に二つの東海があって、一つは中国の東海、もう一つは朝鮮を中心とした「東海」があるとしていた。それにここで四海としているのは、「四海皆兄弟」の四海が、海ではなく方位を指しているように、方位を表していたからである。

事実、19世紀末、朝鮮の高宗は自国について「我国は東海の東に在り」（『日省録』）と発言していた。これは中国の東海（黄海）を基準として、わが朝鮮はその東側にある、という意味だ。

その認識は、朝鮮建国の事蹟を綴った『龍飛御天歌』で、「東海」と「海東」を次のように注釈している事実からも確認ができる。

「四海の外、皆復《また》海有り。東海の別に渤海有り。故に東海共に渤海と称す。又これを蒼海と謂う。我が国は渤海の東に在り。故に海東と云う」

ここで言う「東海」は渤海のことを指し、朝鮮はその東側にあるため、海東と言うのだと解説している。

朝鮮時代の書物には、『海東雑録』『海東繹史』『東文選』『東国通鑑』『東史』などと「東」を冠した書籍が多く見られる。これは中国を基準として、その東側にある朝鮮を「海東」と認識して書名にしたからである。

これは歴史的に朝鮮半島では、「東海」に「自国の東側」という意味と、「中国の東海」の二つの意味を使い分けていたことを示している。

この事実は、2000年前から使ってきた東海が、「自国の東側の東海」か「中国の東海」か、を明らかにしなければならないということである。

だがその事実を指摘した拙稿は、「日本海呼称問題」で韓国側と外交交渉をしていた日本政府には顧みられることがなかった。それが日の目を見るのは、2020年、外務省傘下の「日本国際問題研究所」が拙稿をリーフレットとして作成してからである。

実に30年近く、日韓は無駄な戦いを続けたことになるが、この間、韓国は「東海の単独表記」から「東海と日本海の併記」へと戦術を変え、国際社会を舞台として、日本を貶める運動を続けていたのである。

■官民問わず、国を挙げて運動を展開する韓国

韓国側が１９９２年以来、「東海表記を広めよう」という運動方針に沿って、官民を挙げて進めてきた運動はどのようなものだったか。

地名標準化会議で東海問題を議題に挙げた２００２年、朝鮮日報は「東海キャンペーン」を展開し、10月30日から始まった韓国の中央博物館での「東海展」は好評を博して、翌年の５月31日まで延長されることになった。

韓国国民も積極的に「東海」運動に参加している。韓国の一部の団体は、日本海の名称を使う世界のマスコミや地図会社に対し、抗議のメールを送り続け、それは韓国の常套手段となっている。

だが韓国から抗議のメールを送られても、「日本海呼称問題」の経緯を知らないまま、日本の植民地支配を口実に日本海を東海に改めよ、と言われても、全く関係のない外国企業にとっては迷惑な話であった。

世界の航空会社の中には、日本海を東海に書き換えたところもあるが、それは韓国の

言う歴史的根拠を認めてのことではなく、韓国人搭乗者の多い航空会社では、韓国側の要求に従わざるを得なかったからであろう。

日本海を東海に書き換えていく事例は、韓国側が執拗さを増すほどに、数を増やしていった。これは歴史の事実ではなく「反正」によるプロパカンダだからである。

■国連事務総長も立場を利用して「東海」宣伝に躍起

国際的に中立・公正であるべき国連までもが、韓国の「東海」運動に利用されたこともある。

２００７年10月24日の「国連の日」、国連の事務総長である潘基文氏が主催した国連本部でのコンサートでは、日本海を「東海」と表記した英文のパンフレットが式次第とともに配布された。

潘基文氏は、島根県議会が「竹島の日」条例を制定した２００５年、韓国の外務通商部長官（外務大臣）の任にあった。盧武絃大統領とともに対日強硬派で、「竹島の日」

が制定されることになると「独島問題は、日韓関係よりも上位概念」として、盛んに日本批判をしていた。

そのような人物だけに、国連の事務総長、韓国流で言う「世界大統領」にもなると、地が出たのであろう。国連本部のコンサートまでもが、韓国のプロパガンダに使われたのである。国連の地名標準化会議の専門部会のトップに２代続いて韓国人が就任したのも、強い思い入れがあったからであろう。

一般の日本人は、日韓の歴史問題にはあまり関心を示さない。だが「反正」の伝統を持つ朝鮮半島では、歴史問題には特別な意味があった。

朝鮮時代、清朝と日本に挟まれた朝鮮では、清朝（中国）に対しては絶対的に服従し、日本には道義的に優位に立ち、牽制することで、国家の安寧を図っていたのである。この外交戦術は、昔も今も、そしてこれからも変わらない。

島根県議会が「竹島の日」条例を制定すると、盧武絃大統領が「人類の普遍的価値に悖《もと》る」と断じたのは、そうした伝統的な思考があったからで、それは韓国にとっては普遍的な行動様式である。

こうした思考は官民問わず、さらに言えば大人と子供の区別なく、いつも運動に転化するということである。インターネットのさらなる普及に伴って、国民の「運動参加」につながっていくのである。

■サイバー外交使節団が東海運動で功績を遺す

「独島」運動でも力を発揮したサイバー外交使節団、ＶＡＮＫは、当然「東海」の浸透にも余念がなかった。ＶＡＮＫは青少年を会員として、独島を竹島と表記し、東海を日本海とするマスコミや地図会社に、抗議のメールを送らせている。

その論拠は「東海の呼称は２０００年前から」とする「歴史認識」である。ＶＡＮＫのサイバー戦士たちは、すでに破綻している歴史的論拠に依拠し、日本海と表記する地図会社や企業に対して、ゲーム感覚でサイバー攻勢を仕掛けている。

フランスのル・モンド紙やアメリカのナショナル ジオグラフィックのように、韓国側のメール攻勢に負けて、日本海を東海に書き換え、併記するところが出てきた。するとそれを戦果として、マスコミなどが報道するのである。

青少年にとって、自分の行動がマスコミで報じられるのは晴れがましいことで、それが周りの子供たちの競争心を駆り立てることにもなった。

これも過去の歴史に、誤ったものという烙印を押して、「正しい元の姿に反《かえ》」そうとする「反正」の一種で、「東海問題」もそうした歴史的な志向に由来している。

そのため、韓国側が「東海表記が正しい、今までの日本海表記は間違っている」と過去を問題にし始めた時点で、日本側は韓国側の論拠を検証しておく必要があった。それを怠ると、日本海呼称問題は単なる名称や表記上の問題ではなくなり、日韓の「歴史問題」に格上げされ、収拾がつかなくなるからだ。

実際、日本政府は長く韓国側の主張を検証、反論してこなかった。そのため、「『東海』名が主張できなかったのは、日本帝国主義のせいである」と、海の呼称問題までもが歴史認識問題の一部に取り込まれてしまった。

いったん、それが「歴史問題」とされると、次は市民団体や子供たちが登場して、国際社会を舞台に自己の正当性を主張するのである。しかも、その時は決まって、「日本による侵略」が論拠にされる。そこでは過去の清算が叫ばれ、日本に謝罪を求めることになるのである。

「独島」「東海」だけでなく、「ジャパンディスカウント運動」を展開中のVANK団長の朴起台氏や、「国家ブランド政策」で必要以上に日本を貶めようとする誠信女子大教授の徐敬徳氏の二人は、日本を貶めることには熱心だが、それが平然と虚偽の歴史を捏造し、日韓関係を混乱させる元凶となっている事実に気付いていない。「自分の主張は正しい」と信じ込み、偽りの証言をして、後世の日韓関係をこの上なく不快にした安龍福（第4章参照）と変わりがない。

■海外「韓人会」が運動を展開

だがそうした〝現代の安龍福〟は、今や世界各地に存在する。日韓の歴史問題が起こると、韓国では国際社会を舞台に、日本批判の宣伝活動に打って出て、海外の「韓人会」がそれに呼応するからだ。

中でも、在米「韓人会」が関与したのが、韓国人が多く居住する地域の公園に「慰安婦少女像」を設置する運動である。もちろん竹島問題や東海問題でも活躍し、米国各地の韓国人会が「独島守護国際連帯」を組織して、本国に代わって政治活動を行ってきた。それが「竹島問題」や「日本海呼称問題」であっても、韓国の歴史論争となれば同様の行動様式が機能するのは、自然の成り行きであった。

２０１１年11月29日、韓国の聯合ニュース電子版は、「米国韓国人会、東海併記請願のためクリントン（国務長官）との面談要請」と伝えている。

12月10日には、独島守護国際連帯のコウ・チャンクン執行委員長が、「国際水路機関に実質的に力を行使できるのは米国の国務省と連邦の上下院議員だ。彼らを積極的に説得する」と述べたと報じた。

自ら「道義的に正しい」と思えば、あらゆる手段を講じて、その目的を達成しようとする「反正」の気質が、海外でも発揮された典型である。韓国系米国人の組織である「韓人会」が協力し、本国の組織とも連携しながら、米国内の連邦議員や地方議会に積極的な働きかけをし始めていたのだ。

さらに2012年には、韓国系米国人が多く住むバージニア州の上院教育厚生委員会に対して、州で使用する教科書に「日本海と東海を併記せよ」との申し立てを提出した。この申し立てを提出したのは、アナンデール選挙区のデーブ・マースデン議員である。

この法案は同年1月末、8対7と1票差で否決されたが、これは在米の「韓人会」にとっては、新たな到達目標ができたのと同じであった。

すでに2011年の時点で、シカゴの韓国人会を中心として、ロサンゼルス、ニューヨーク、ワシントンなどで「東海併記」署名運動が行われており、この時は5年に一度開催される「国際水路機関」の総会が、2014年4月20日から27日までモナコで開かれることが決まっていたからだ。

「国際水路機関」の総会では、海図作製の指針となる『大洋と海の境界』の改訂が論議されることになっていたため、「東海併記」申し立てもそれに合わせたものだった。まず米国の州議会で東海併記の法案を成立させ、それを根拠に国際水路機関の総会で「東海併記」の正当性を主張する、といった思惑が見え隠れしていた。

バージニア州の法案提出者であるデーブ・マースデン議員は、「東海の呼称は200

０年前から（キリストの誕生と同じ）」と発言していたが、これは韓国側の主張を鵜呑みにしたからである。この議員に限らず、議案の成立に加担したのは、「東海併記」の意味や歴史的根拠について理解していたからではない。選挙時に、どれだけ「韓人会」から票が得られるか、議員たちにとってはそちらの方が重要だったからであり、票につながれば韓国側が虚偽の主張をしていても関係がないのである。

■米バージニア議会で「東海」問題提起

こうした韓国人側の熱意とは裏腹に、「日本海呼称問題」「『東海』併記運動」に対する日本人の関心は極めて薄かった。日本人から見れば、「なぜアメリカの州議会で韓国の『東海問題』が議論されるのか」と、不思議に思ったくらいだろう。

そうした間隙《かんげき》を縫うように、韓国側は韓国政府の研究機関と、在米「韓人会」が共同戦線を張り、州の議員を味方に付けて、法案の成立を画策していたのである。

そしてついに２０１４年２月、米国のバージニア州議会の上下院で、州内の公立学校の地理の教科書に「日本海」と表記する際には韓国の主張する「東海」の呼称を併記する法案が可決されたのである。

この時も当然、在米韓国人のロビー活動が功を奏した。その後、ニューヨーク州をはじめ、マサチューセッツ州、カリフォルニア州、イリノイ州、テキサス州、メリーランド州、ジョージア州など、韓国系住民の多い7つの州で同様の運動を展開し、その後は、ワシントン州を経て全米50州に拡大するとともに、米国政府や国連、さらには韓国系住民の多い世界各地で、「東海併記」の運動を展開していった。

2012年にバージニア州で「併記法案」1票差で否決されてからの2年間、韓国系米国人を中心にして、選挙区の議員に直接圧力を加えながら、強力なロビー活動や署名運動を通じて得た戦果であった。

■「わが民族にとって、東海表記は歴史問題だ」

この後、併記運動を主導したリンダ・ハン女史が『東海表記』を刊行している。「米ワシントンとバージニア州で起こった奇跡」とサブタイトルが付けられており、東海研究会のチュウ・ソンジェ氏は、次のように総括している。

〈わが韓民族にとって、東海表記問題は単純な海洋名称の問題ではなく、われわれの正当な「東海」の地名を復元して、正しい歴史を回復する問題だ。特に日本政府が過去の侵略と植民支配、それから慰安婦問題において歴史的事実に対する修正を試図し、独島を自国の領土と強引な主張をしながら、歴史教科書を歪曲しているのは、ほかでもない帝国主義の亡霊と見なければならないということだ。

われわれは日本海単独表記を主張することに、また他の現代版の亡霊の前に正しい歴史的教育的な使命感を持って、憤然として立ち上がった〉

この成功体験から、韓国側は運動を全米に拡大し、国際社会を舞台に、ますます「東海併記」に奔走することになるのである。韓国側にとっては、「東海併記」の割合を上げることが、究極の目的となっていたからだ。

こうした動きに対し日本側が「日本海は世界が認めた唯一の呼称」と繰り返したところで、韓国側が耳を傾けるはずもなく、国際機関も日本の言い分だけを採用することはなかったのである。

■極めて危険な状態にあった無策の日本政府

それでも日本政府は2019年の時点まで、「日本海は世界が認めた唯一の呼称」との主張で押し切る方針を曲げなかった。この状況は極めて危険であった。韓国側では「東海併記」を国策として認識し、それを推進する戦略も、体制もでき上がっており、その成果が見えていたからだ。

そこで筆者は竹島問題で関係のできた「領土・主権対策企画調整室」に提案し、急遽「竹島問題と日本海呼称問題」と題する講座を日比谷図書文化館で開催してもらうことにした。2019年5月のことである。

さらに2019年6月、日本政府と歩調を合わせて、「日本海は世界が認めた唯一の呼称」と題した論稿を島根県のWeb竹島問題研究所に載せておいた。

これは従来の日本政府の主張では、国際水路機関の会議で、到底勝てないと思ったたからである。そこで筆者はかつて月刊誌に寄稿した原稿を要約し、韓国側の主張に歴史的根拠がないことを実証し、あえて日本政府の主張を継承したタイトルを付けておいた。それは日本政府の方針と一貫性を持たせるためで、書き出しも次のようにした。

〈１９９２年の第６回国連地名標準化会議以来、日韓の間では日本海の呼称を巡って意見の対立が続いている。その間、日本政府は、一貫して「日本海は世界が認めた唯一の呼称」との立場を堅持してきた。それは韓国政府が主張する「東海」が、朝鮮半島の沿海部分を指す呼称であったこと。従って、国際水路機関の『大洋と海の境界』で定められた日本海の海域とは重ならず、日本海に取って代わる資格がないからである。

だが韓国側では依然として「日本海」に異議を唱え、東海の呼称に固執している。

これには韓国側の事情がある。１９５４年以来、日本領の竹島（韓国名、独島）を占拠し続ける韓国政府が、領土問題と日本海の呼称問題とを結び付け、それを外交懸案としているからだ。

韓国側が東海を正当とする理由に、日本海の中に独島（竹島）があると、日本の領海の中に独島があるようで不適切とする論理がある。そこで韓国政府は、日本海の呼称を

止めて、韓国が2000年間使い続けてきた東海に換えよう、というのである〉

論稿の書き出しを右のようにしたのは、国際水路機関の会議に際して、日本政府がこの論稿を使いやすくすることを、念頭に置いていたからである。

また、韓国側が東海の呼称に固執するのは、韓国が侵奪した竹島の不法占拠を正当化するため、という事実を言外に知ってもらう意図からであった。

■約30年経って、ようやく日の目を見た「東海」根拠への反論

さらにこの論稿をある国会議員にお願いして、外務省と関係の深い日本国際問題研究所に紹介してもらった。その際、日本国際問題研究所にはこれを韓国語と英語にも翻訳し、のちに合冊して小冊子にすることを提案しておいた。それは国際水路機関の会員国や国連地名標準化会議の際にも、日本政府の見解として配布することを考えてのことであった。

だがその目論見は、当初、思うように進まなかった。拙稿では、韓国側が東海は20

００年前から使用してきたとする主張には歴史的根拠がないことを論証していたが、その論旨が、それまで世界に残る古地図を根拠に「日本海は世界が認めた唯一の呼称」としてきた日本政府の主張とは異なっていたからである。

生真面目な日本政府は、「韓国側の歴史的論拠を潰す」ことに言及すれば、にわかに方針転換をしたと取られかねないと危惧したようで、小冊子とする案はいったん、頓挫していた。

事態が動いたのは、２０１９年の国際水路機関総会で「日本海呼称問題」の解決を図るべく、事務局長の仲介案が示されたからである。国際水路機関としても毎回議題に上げられるこの問題に、嫌気が差していたのであろう。だが、これは日本にとっては福音だった。日本側は急遽「日本海は世界が認めた唯一の呼称」と題した資料を作成、それを配布する時間があったからだ。

それが功を奏したか、交渉の担当ではない筆者には分からないが、２０２０年になってようやく国際水路機関が「日本海」の単独表記を認めたのである。

１９９２年に韓国が「東海」問題を提起したのに対し、筆者が韓国の「中央日報」に東海の呼称の問題点を指摘した寄稿をしてから28年、ようやく一つの宿題を終わらせることができた。

■「日本海呼称問題」で残された大きな課題

一方で、課題も見えてきた。

この「日本海呼称問題」で、日本政府は欧米の図書館での古地図調査に巨費を投じた。また、2014年のバージニア州議会による「東海併記法案」の成立時には、日本政府が行った80万ドルのロビー活動が顰蹙《ひんしゅく》を買ったことが遠因とされている。

駐米大使がバージニア州知事を「恫喝《どうかつ》」して、議会に圧力をかけた、と受け取られてしまったからだ。それが住民らの反発を招いて、法案を成立させてしまったというのである。

一方、韓国側の論拠を潰すリーフレットの元になった拙稿の対価は、「日本国際問題研究所」からもらった雀の涙ほどの謝金が全てである。聞くところによると、拙稿の翻訳料は雀の涙が二粒ほどだそうだが、個人で購入した古地図や史料代の数パーセントにも満たない。日本のこの現状では、研究者が研究を続けるのは難しい。「恒産なくば恒心なし」だからだ。

竹島問題に関して、本書の中でも再三にわたり「韓国の東北アジア歴史財団のような政策提言機関が必要だ」と訴えてきたが、日本にはその種のシンクタンクは存在しない。

２０２０年末、国際水路機関は「日本海単独表記」を決定したが、シンクタンクがないことで日本海呼称問題のような単純な問題を30年近くも長引かせ、米国内の州議会で「東海併記」法案を成立させてしまったのである。

これで韓国側が「東海併記」を放棄することはない。むしろ逆で、韓国側は目標として掲げている「東海併記率40パーセント」の達成に向けて、すでに動き始めている。

その時に、日本は外務省だけで反論ができるのか、甚だ心もとない。在野の学者の「身銭を切った孤軍奮闘」を当てにするようでは、組織的に「歴史戦」を戦う韓国に勝つことはできない。

第6章

日本VS中露韓「反日包囲網」

■竹島問題の不作為が招いた尖閣・北方領土問題

竹島問題に関する日本政府の不作為が日本との領土問題を抱える中国、ロシアに与える影響は計り知れないものがある。

「島根県竹島問題研究会」の活動が15周年を迎えた２０２０年現在、昨今の日本の領土問題を振り返るにつけ、一抹の不安を禁じ得ないのだ。

島根県議会による「竹島の日」条例成立が確実になると、外務省はホームページを書き換え、「竹島は日本固有の領土」「韓国が不法に占拠している」とした。するとこれに文部科学省が、２００６年度の中学用の「地理」と「公民」教科書検定でそれを踏襲した。これに対し、韓国側は「歴史歪曲教科書」と猛反発した。するとこの動きは中国にも伝播し、各地で反日暴動が起きた。日本の安全保障理事国入りへの反対運動も加わり、各地で日系スーパーが襲撃されるなどの事態となった。

５年後の２０１０年９月７日、尖閣沖で中国漁船が日本の巡視船に追突した事件が起きると、香港の『亜洲週刊』（同年９月26日号）は、韓国が竹島を不法占拠しているのに倣い、「日本から韓国が独島を奪還した貴重な体験を学べば釣魚島回復も夢でない」とした。

これは、韓国・鬱陵島の島民が「独島義勇守備隊」を結成して竹島に上陸し、日本の海上保安庁を銃撃するなどして武力占拠を続け、韓国の海洋警察に引き渡して今に至るまで不法占拠を続けているからだ。尖閣も中国の民間人や民兵を上陸させ、そのまま占拠を続けさせたのち、中国海警などに警備させればいいというのである。

このように、韓国と中国の間には竹島と尖閣諸島に関して、侵奪と占拠という点で、連動が見られるのである。

■大統領以下、ロシア首脳たちが「北方領土詣で」

こうした動きは中韓だけでなく、ロシアにも見られる。

尖閣沖での中国漁船衝突問題発生後の２０１０年11月１日には、メドベージェフ大統領が、ロシアの大統領として初めて国後島を訪問した。続いてロシア高官たちが続々と

「北方領土詣で」を行った。

この中露の動きに、さらに韓国も乗じた。韓国の「独島守護対策委員会」に所属する姜昌一議員らが翌2011年5月、国後島に上陸。「日本は独島の主権を放棄せよ」と日本を挑発するなど、今度は韓国がロシアの動きに便乗する形で、日本を牽制する一幕もあった。

こうした領土問題における中露の動きと韓国の「連携」は偶然の産物ではなかった。メドベージェフ大統領による北方領土初上陸に先立つ9月27日、訪中したメドベージェフ大統領は胡錦濤主席とともに発表した「第2次世界大戦終戦65周年を記念する共同声明」の中で、「中露は第2次大戦の歴史の歪曲、ナチスや軍国主義分子とその共犯者の美化、解放者を矮小化するたくらみを断固として非難する」と述べた。これは日本との間にある北方領土問題を念頭に入れての声明である。

北方領土は日本が「ポツダム宣言」を受諾したのち、「日ソ不可侵条約」を一方的に破ったソ連によって侵奪された日本の領土である。それを、今後北方領土を領土問題とすることは、「解放者を矮小化するたくらみ」であり「軍国主義分子の美化」とみなすとしたのである。

同年7月、日本が降伏文書に調印した１９４５年9月2日を「対日戦勝記念日」とする法案にメドベージェフ大統領が署名し、9月2日に開催された戦勝記念式典ではミロノフ上院議員が「ソ連軍は中国東北部（満州）や北朝鮮、南サハリン（南樺太）、クリル諸島（千島列島と北方領土）を解放した」と述べている。

これは「竹島の日」が制定された２００５年の時点で、ロシアのガルーシン駐日公使が「ソ連の対日参戦は正義の戦いであった」「ソ連軍による北方領土占領は、日本軍国主義の侵略行為の帰結」とした時から始まっている。竹島をめぐる日韓の対立を横目に「歴史カード」が北方領土問題でも有効に使えると見てのことだろう。

中韓は90年代から日本の歴史教科書問題などで歩調を合わせてきたが、２０１０年以降は領土問題でも互いに漁夫の利を得ようと画策する中韓に、ロシアも加わってきたのである。

■中露韓を調子づかせた日本政府の消極的姿勢

無為無策の日本政府の姿勢は、中露韓の動きを助長させる結果となった。

2012年7月、再び国後島を訪問したメドベージェフ首相は、「私にとって日本の反応などどうでもよい」と発言するまでに至ったのである。

そして2015年に、中露が共同で第二次世界大戦終戦70周年を祝い、式典には韓国の朴槿恵大統領も参席。「歴史認識」を武器に、日本との領土問題を戦う参加国の連携が可視化された場面でもあった。

2012年末に誕生した第2次安倍政権は、竹島だけでなく尖閣、北方領土に関して解決に向けた意欲を前面に押し出し、国民からも問題解決への前進が期待されたが、7年8カ月の長期政権にあっても、いずれもめぼしい成果を上げることはなかった。

日本は竹島問題に効果的な対処ができなかったことで、国益を大きく損なったことになる。

■韓国と共通する中国の「日本軍国主義」への言及

だが、韓国の「独島」と同じように、ロシアの北方領土についても、中国が虎視眈々と狙う尖閣諸島についても、彼らが領有を主張できる根拠は一つとしてない。

特に中国との間には、尖閣に関して、竹島と全く同質の「歴史論争」が存在しているので、ここでは尖閣諸島に関する中国側の主張や日本政府の「反論」、日中間の尖閣問題の経緯などについて、手短に検証したい。

尖閣諸島について中国は「釣魚島（中国側の尖閣諸島・魚釣島の名称）は明代からの中国領土で、台湾の一部であった」としている。中国は「一つの中国政策」によって台湾も不可分の自国領と定めているため、台湾の一部であった尖閣諸島も中国領だといっているのだ。

尖閣諸島が中国領土となった事実は一度もない。

だが尖閣諸島が日本領となったのが日清戦争最中の1895年1月14日の閣議決定であったことから、中国側は「もとは中国領だったにもかかわらず、戦時下のどさくさにまぎれ、『軍国主義』日本が土地をわがものにした」と批判するのである。

これは韓国が竹島について「もとは韓国領だったにもかかわらず、日本が日露戦争中で韓国併合のわずか5年前の1905年に、領土的野心を持って竹島を自国領に組み込んだ」と言っているのと、全く同じパターンによる論理である。

いずれも全く根拠のない主張に過ぎないが、歴史認識を武器にしている点では共通している。

中国政府が尖閣諸島問題を歴史問題としている以上、1895年の閣議決定で尖閣諸島を日本領とした過程は、国際法上正当であったと主張しても、中国側が納得するはずはない。日本政府が尖閣諸島の日本編入を国際法上、問題なかったとするためには、中国側には「尖閣諸島の領有権を主張する歴史的権原がない」ことを実証する必要があった。

■「国際法」だけで立ち向かおうとする日本政府・外務省の愚

尖閣諸島は1895年以来、日本領である。中国との間で帰属問題が浮上するのは1

971年6月、日米間で結ばれた沖縄返還協定がきっかけとなった。1972年5月15日に尖閣諸島を含む沖縄が、日本に返還されることになったのを受けてのことだった。

最初に尖閣諸島の領有権を主張したのは台湾（中華民国）政府で、1971年6月11日、外交部が「当該列嶼は、台湾省に付属している中華民国領土の一部」として、領有権を主張すると、続いて12月30日、中国政府外交部も次のような声明を発表して尖閣諸島の領有権を主張したのである。

「尖閣諸島は台湾の付属島嶼である。これらの島嶼は台湾と同様に、昔から中国の不可分の領土の一部である。日米両国政府が沖縄返還協定の中で、わが国の釣魚島などの島嶼を返還区域に組み入れることは不法」

「中華人民共和国は、必ず釣魚島など台湾に付属する島嶼をも回復する」

台湾と中国が尖閣諸島を自国領とする根拠は、琉球王国（現在の沖縄県）が明や清の冊封を受けていた時代、中国の冊封使が琉球国に渡る際に尖閣諸島を航路の目印としていた事実にある。そこで「早くから尖閣諸島を自国領として認識していた」と主張するのである。

さらに清朝の徐葆光が著した『中山伝信録』で、尖閣諸島を琉球36島に加えていなかったことも、その根拠としている。この中国側の論理は、琉球領でなかった以上、尖閣諸島は台湾の一部であり、ひいては中国の一部であったというのである。

この中国側の主張に対して、日本政府は竹島と同様に「尖閣諸島は日本の固有の領土である」「領土編入は国際法に基づいて行っている」と繰り返すのみで、中国側の歴史認識に積極的に反論してこなかった。

この日本政府の無作為が、尖閣問題を深刻化させる一因となった。日本政府は、尖閣諸島は「無主の地」であったとしながら、明代から中国領だったとする中国側の主張を論破しなかったからである。

■歴史的に「無主の地」だった尖閣諸島

ここで日本政府は竹島問題と同様の陥穽にはまった。相手国の文献をもとに歴史的事実を明らかにしておかなければ、同じことの繰り返しとなる。

そこで台湾の歴史を検証してみると、台湾が清朝の領土の一部となるのは康熙23年（１６８４年）であった。台湾を攻略した水師提督の施琅は、１６８３年12月22日、上《じょう》疏《そ》して次のように述べているからだ。

「台湾、もと化外《けがい》に属し、土蕃雑処して未だ版図に入らざるなり」

１６８３年の時点では、台湾は化外の地で、清朝の領土ではなかったのである。

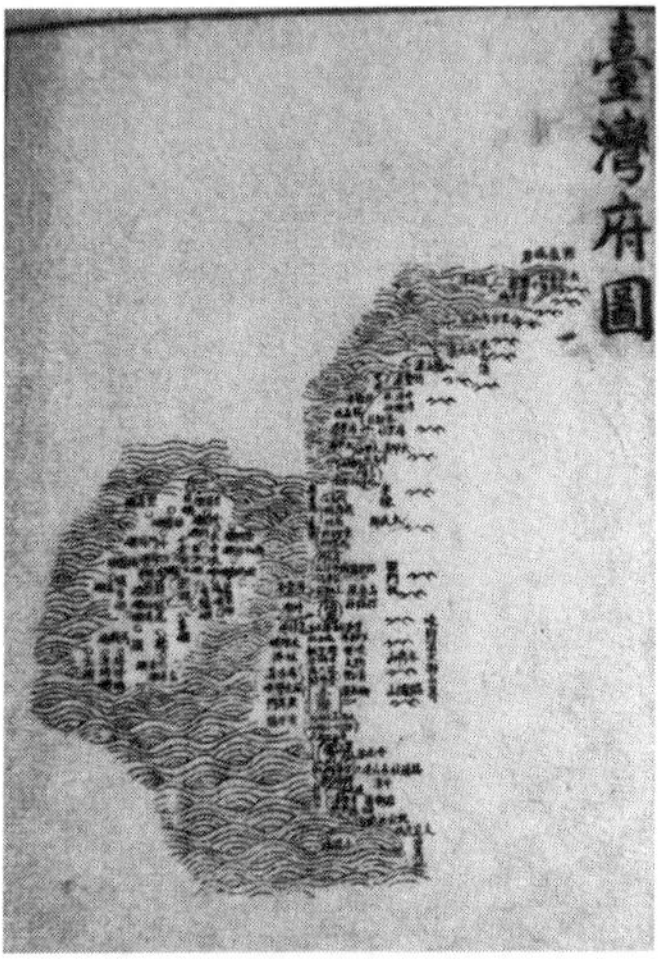

『大清一統志』「台湾府図」

ではその台湾に尖閣諸島は含まれていたのであろうか。それは蒋毓英らの『台湾府志』や高拱乾の『台湾府誌』を見れば明らかである。そこでは台湾の北限を「北、雞籠山に至る」として、雞籠山を疆界（境界）としていた。「雞籠山」は、現在の基隆近くに当たる。尖閣諸島はそこから北東に１７０キロほど離れており、当然、台湾府には属していなかった。

それを示しているのが冊封使として琉球に渡った齋鯤の記録である。齋鯤はその『東瀛百詠』で、「雞籠山、中華の界を過ぐ」として、雞籠山（台湾）を中華の境界としていたからである。さらに齋鯤は、琉球国が近くなると、「姑米山」（久米島）を「此の山（島）、琉球の界に入る」と詠んでいる。

これは台湾と久米島の間は、台湾でも、琉球の一部でもなく、無主の地であったことを示している。

これを『欽定古今図書集成』の「台湾府疆域図」や『大清一統志』の「台湾府図」等で確認すると、そこでは台湾の北端に「雞籠城界」と表記して、そこが中華の界であることを示している。

この「台湾府疆域図」と「台湾府図」の台湾図は、康熙帝がイエズス会の宣教師等に測量を命じて描かせた『皇覧輿地図』が基になっている。

これら中国側の史料は、いずれも尖閣諸島が清朝の領土でなかったことの証左となるのである。

台湾府は1885年、台湾省に昇格するが、その台湾省を描いた『欽定大清会典図』（「台湾省全図」1899年）にも、尖閣諸島は描かれていない。尖閣諸島は清朝の領土の一部とも、台湾の一部とも認められていなかったからである。

それに台湾と尖閣諸島の間に介在する棉花嶼・花瓶嶼・彭佳嶼が台湾に編入されたのは、1905年のことである。

1895年1月14日、閣議決定で日本領になった尖閣諸島は、台湾の「付属島嶼」ではなく、「無主の地」だったのである。

■「日台漁業取り決め」で日本側が再び犯した過ち

1972年の日中国交正常化の際、尖閣問題は事実上、「棚上げ」された。だが当然のことだが、一旦、尖閣諸島は台湾の一部として中国領有権を主張した中国は、その後も尖閣を狙っており、着々と足場を固めていた。これは尖閣諸島を台湾の付属島嶼としていることからも、台湾を領有しようとする意志があるからだった。

中国政府が1992年に「領海法」を制定し、尖閣諸島を中国領と定めると、1999年以降、特に2004年ごろに発生した東シナ海のガス田問題を契機として、尖閣問題は「顕在化」することになった。その翌年の「竹島の日」条例制定も、中国側を刺激するのには十分だった。

一方台湾では、民主化を達成した李登輝元総統が2002年に沖縄タイムズの取材に答え、「いろいろな資料を見たが、尖閣諸島は日本領である」と述べた。李登輝元総統は中国はもちろんのこと、台湾国内からの反発にも屈することなく、その後も「尖閣は日本領である」と言い続けた。そこで領土問題で争うよりも、日台漁業協定を結んで実利を得ることを選び、日台は実務協議を重ねていた。

2013年、財団法人日本台湾交流協会の大橋光夫会長と亜東関係協会の廖了以会長は「日台漁業取り決め」に署名した。日本としては、尖閣諸島に触手を伸ばす中国を牽制する意図もあったのだろうが、明確なルールを決めずに、経度緯度をもって水域を策定した。

だが、その「取り決め」では日台の地理的中間線を大幅に割り込み、「法令適用除外水域」と「特別協力水域」を設定してしまった。そのため「日韓漁業協定」で設置した「暫定水域」（共同管理水域）と同様の弊害が生じ、沖縄の漁民たちは、好漁場から締め出されてしまった。これも、歴史論争で勝てる尖閣問題の解決を日本政府が怠った、当然の結果であった。

■尖閣問題を激化させた「尖閣沖漁船衝突事件」

中国は２０１０年９月、尖閣沖で中国漁船が海上保安庁の船に追突する事件を起こした。時の民主党政権が船長を逮捕したことに中国側が猛反発し、中国に滞在中の日本人駐在員を逮捕・拘束したり、レアアース禁輸というＷＴＯ違反を起こすなどの暴挙に出た。

だが、これを契機に日本でも尖閣諸島に関する関心が高まった。

翌２０１１年１月、日本政府が尖閣諸島を含む日本の排他的経済水域内の39の無人島に命名した。すると中国は人民日報で「尖閣諸島はチベットや台湾と同じく、中国の安全保障上、譲ることのできない『核心的利益』であり、『古来中国の領土である』」とした。さらに3月には、岩礁を含む尖閣諸島の71の島嶼に名称を付けて公表するという報復的な動きを見せた。

また、同3月、尖閣沖漁船衝突事件を起こした中国人船長が那覇検察審査会の決定で起訴されることが決まると、中国外交部は「尖閣諸島及びその付属の島嶼は古来中国の固有の領土である」「日本には同海域でいかなる公務も行う権利はない」と、これまでの主張を繰り返した。

2012年、当時東京都知事だった石原慎太郎氏が、尖閣の地権を所有者から買い上げると宣言して、賛同する国民から14億円もの寄付金を集めた。すると、慌てた日本政府が「国有化」に向けて動き出し、さらなる中国側の反発を招いた。

さらに2010年に香港の『亜州週刊』が「尖閣も韓国の竹島侵奪の例に倣え」としたことに刺激を受けたのかは不明だが、2012年8月には中国の活動家7人が尖閣に上陸を試みた。日本政府は船に乗っていた活動家と乗組員と合わせて14人を現行犯逮捕し、強制退去処分とした。

２０１２年の日本側の「国有化」に中国は猛反発し、以降、漁船や中国海洋警察（海警）などの公船を含む中国籍の船をひっきりなしに尖閣周辺海域で航行させるようになった。海上保安庁は必死に監視警備行動を続けてはいるが、漁場も荒らされ、沖縄住民は漁業関係者を中心に警戒感を強めている。

尖閣沖での中国籍船の航行は、２０１２年から現在まで、ほとんど常態化した状況にある。

■尖閣問題でも中国に利用される「良心的日本人」

第３章で、韓国側から「良心的日本人」とされ、竹島を韓国領とする日本人学者らを取り上げたが、尖閣でも同様に、尖閣諸島を中国領とし、日本が中国から奪い取ったものだとする井上清氏の論や、それを踏襲した村田忠禧氏、井上氏の主張を敷衍《ふえん》して自説を唱える外務省ＯＢ・孫崎享氏らの論説を、中国側は高く評価している。

井上氏の論が中国に利用されていることは明らかだ。１９７２年7月28日、中国の周恩来首相と日本の公明党・竹入義勝委員長が会談した際に尖閣諸島が話題になり、周首相から井上氏の著書を紹介されたという。

井上説は、尖閣諸島は明代から中国に属していたというもので、先にも紹介したように「琉球に来る冊封使が航行の目印として尖閣を使っていた」ことと、明代の航海案内書『順風相送』(1403年)に尖閣諸島の島のひとつである「釣魚島」の名があることから、中国領だとしているのだ。

そのほか、冊封使たちの記録や「針路図」、『使琉球録』などに同様の記録があることに依拠して、その主張を事実だとしている。だが、それらは冊封使らが琉球に渡る間に尖閣諸島を目撃した、という程度で、「明代から中国領だった」証拠ではない。

にもかかわらず、日本人研究者までもが「文献では(尖閣は)圧倒的に中国に属していたことを示している」「中国は明代には尖閣諸島周辺にまで軍事的影響を及ぼしていた」などと主張して、日中双方に誤った歴史を流布し、日本の国益を損なっているのである。

■海軍増強の中国、「領土割譲禁止」を憲法化したロシア

中韓露は、日本との領土問題に対して「反日包囲網」を形成している。この戦況にどのように立ち向かえばいいのだろうか。答えはやはり、それに対応できる人材を育成し、それを支える組織の存在である。人材がなければ、相手方の主張を論破することもできないからだ。特に中国は海軍・海警の増強などハード面での力を見せつける一方で、国際的な宣伝活動や、中国寄りの発言をしてくれる日本人の発掘・連携に余念がない。これは韓国側の戦略と同じである。

また、ロシアは日本と平和条約に関する交渉を行うかの態度を見せる一方で、2020年9月、憲法改正を行い、「領土割譲禁止」を明記した。大統領として北方領土に上陸したメドベージェフ安全保障会議副議長は、「北方領土の日本への引き渡しはあり得ない」との見解を強調した。

これに日本はどう対抗するのか。

少なくとも、各国の主張に対する反論を行い、国内だけでなく国際的に日本の立場を

示しておく必要があるだろう。第2章で「歴史問題と領土問題を専門に扱う研究機関」が必要であると述べたが、竹島に限らず他の領土問題についても全く同じことが言えるのである。

日本の外務省は韓国、中国、ロシアとそれぞれの国に対し、対応する課も異なっている。一方、中韓露は水面下で共同戦線を張り、日本との領土問題に取り組んでいる。その際には、韓国の東北アジア財団が仲介役を務めてもいる。

本書でも触れた通り、中韓露との領土問題と歴史問題で日本が「勝つ」ことは、それほど難しいことではない。後は組織を整え、臨戦態勢を整えていけばよいのだ。そのひな型は島根県にある。中韓露が島根県の「竹島の日」条例成立を見て動いたように、日本政府も早急に動くべきなのである。

終章　島根県竹島問題研究会の志を継ぐ

■島根県庁の協力が論争を可能にした

島根県議会が「竹島の日」条例を制定し、その後設置された竹島問題研究会の活動も、2020年で15周年を迎えた。これは研究機関を持たない「北方領土問題」と比較しても画期的なことである。

島根県議会による「竹島の日」条例の制定には、「北方領土問題対策協会」の啓発事業が深く関わっていた。2003年11月15日、西郷町（現・隠岐の島町）では、「竹島・北方領土返還要求運動島根県民会議」主催の講演会が開かれ、その講演で筆者は「竹島問題では日本が勝てる」と発言した。2002年、「竹島領土権確立島根県議会議員連盟」を結成していた澄田信義知事と県会議員の面々がこの発言を受け入れ、2005年の「竹島の日」条例の制定につながったのは、第1章でも述べた通りである。

その北方領土問題対策協会の事業に私をお誘いくださったのは、当時、拓殖大学の同僚だった木村汎先生と佐瀬昌盛先生であったと、後年、木村汎先生からお聞きした。北方領土問題の場に竹島問題を加え、北方領土問題の活性化を狙ってのことだったという。

その木村汎先生も、常々、領土問題の解決には司令塔的機関が必要とおっしゃっていたが、残念なことに2019年、鬼籍に入られてしまった。

だが幸いなことに、島根県は司令塔的組織の必要性を認識していた。第1章で詳述したように、「竹島の日」条例を成立させた島根県議会は、その3カ月後「竹島問題研究会」を発足させ、研究会のメンバーにフリーハンドを与えてくれたからだ。

そうした活動を支えてくれたのが、島根県庁の職員の面々である。各期の「最終報告書」と「中間報告書」は彼らの協力を得て作成することができたが、そこでは研究員たちの得意とする分野での報告が許されたため、結果的に多方面にわたる研究成果につながった。

韓国側の竹島研究者たちも竹島問題研究会を無視することができず、韓国側との論争が続いているのも、こうした協力があってのことである。

成果を出し続けられるのは、ひとえに島根県（行政）と研究がうまくかみ合った結果である。2007年4月に「竹島資料室」が県庁の一角に開設されたのも、第1回の「竹島の日」の式典で交わした、県会議員との約束に端を発している。

前述のように「竹島資料室」が開設されると、竹島関連の資料が発見されるたび、地元紙の山陰中央新報社をはじめ、マスコミ各社が積極的に報道してくれた。その結果、竹島資料室には、県内外から関連資料の委託や寄贈が自然と行われるようになった。外部の民間業者を雇って運営する「領土・主権展示館」や、箱物としての「久見竹島歴史館」とは違って、島根県の「竹島資料室」には地元の専門家がまとめ役として在籍しているからである。

だがその「島根県竹島問題研究会」も世代交代が始まり、日本政府も「領土・主権対策企画調整室」を設置して、文部科学省は竹島教育を始めた。

中央政府に抗して成立させた「竹島の日」条例も、当初の目的は「竹島の日」をなくすことにあったが、その「竹島の日」の式典も、開催自体が目的化された感がある。

領土問題は、本来学校教育の場では取り扱うべきではない、と考えている筆者にとって、現状は望ましいものではない。竹島問題のような領土問題は、外交によって解決すべき案件だからだ。

■日韓関係悪化の責任は韓国側にある

このところの日韓関係は、過去最悪の状態にあると言われる。結局のところ、原因は韓国側に、日本を侵略国家（加害者）とする「歴史認識」があるからで、それが朝鮮半島に特有の「反正」と結びつくと、過去の歴史は「清算」されねばならなくなる。

だがその「歴史認識」は１９５４年、日本政府が竹島問題の解決を国際司法裁判所に付託しようとした際、拒否した韓国側の声明で示されたものである。竹島問題は、韓国側の言う「歴史問題」ではなく、解決しなければならない「領土問題」である。韓国側が「歴史」の土俵で戦うというのであれば、司令塔的な機関は不可欠である。

竹島問題に先鞭をつけたのは、島根県である。島根県竹島問題研究会は、日本に司令塔的機関が生まれる時まで、政府のセカンドオピニオン機関としての役割に徹したいと思う。

それこそが、２００３年11月15日、隠岐の島の西郷町で行われた講演会の後、観光ホテルで行われた酒宴で、各々明治維新の志士となり、竹島奪還を誓った故・澄田知事や島根県議会議員の面々の志を継ぐことになるからである。

かくすれば　かくなるものと知りながら　已むに止まれぬ大和魂

竹島問題に関する活動は、吉田松陰ではないが、このような思いがあって続けることができた。だが島根県の志を継ぐ者がいなくなれば、それも泡沫の夢で終わってしまう。

■「義を見てせざるは勇なきなり」の心境

日本のお粗末な状況の中でも筆者が「竹島問題」や「日本海呼称問題」に関わり続けることができたのは、拓殖大学に職を得て、研究を続けることができたからである。

1998年当時、竹島問題で韓国側の研究者と論争をしていたことで、務めていた仁川大学校からの契約更新を打ち切られたのだが、人生は実に面白いもので、「捨てる神あれば拾う神あり」で、この時は、幸いなことに拓殖大学から声がかかり、新設される国際開発研究所の一員として職を得ることができた。

筆者の一家はおかげで路頭に迷うこともなく、私自身も定年まで安心して竹島問題等に関わることができた。

途方に暮れていた時に届いた拓殖大学からのお誘いは、渡りに舟だった。

だがこの本が出版される頃には定年を迎え、月10万円ほどの年金生活者となる。韓国でも年金の掛け金を納めていたが、日本とは年金協定が結ばれていないため、韓国で納入した掛け金は、日本の年金には反映されないのだという。結婚以来、苦労のかけ続けであった妻に、何と声を掛けてよいのか。今も年金の額については話せずにいる。

そこで思うことは、日本が朝鮮半島を統治していた時代、独立運動家として晩年を迎えた人たちのことである。その多くが家族と一族に苦難の道を歩ませ、生涯を終えている。

「義を見てせざるは、勇なきなり」とはいえ、終活の時になり、人としての悲哀を感じたのは、研究という大義名分にかこつけ、妻には夫として、子には父親らしいことができなかった、独り善がりな人間に対する報いだった。

■本書を最後まで読んでいただいた読者の方へ

さて、話を再び、韓国との論争に戻そう。本書をお読みになられた皆さんであれば、「竹島問題」や「日本海呼称問題」において、韓国側がいかに歴史を曲解し、偽りの歴史を捏造していたのか、お分かりになられたはずである。ネット上では、韓国に対して嫌韓や断交を叫んで、こと足れりとする人もいるようだが、それでは日本政府が「遺憾の意」の表明を繰り返すのと同じで、効果は薄い。韓国側の日本に対する姿勢は、安龍福のように虚勢を張るのが常だからだ。

その〝安龍福の後継者〟たちには、対馬藩のように事実を突きつけるのが効果的だ。「東海問題」も、日本国際問題研究所が作成したリーフレットで韓国側の主張を論破したことで日本海の単独表記が認められた。次は、米国のバージニア州議会で成立した「東海併記法案」を廃案に追い込むことだ。事実を突きつける戦術は、韓国と「歴史戦」を戦う際の上策である。それには日本は政官民がともに戦線を張り、「東海併記法案」の橋頭堡に攻勢を掛けることだ。成功例としては、2011年夏の新藤義孝議員等による鬱陵島視察作戦がある。韓国側が最も恐れるのは、日本が毅然とした態度を示して、偽りの論拠が一つ一つ潰されていくことである。

次の作戦は、〝安龍福の遺伝子〟を継ぐ人々の不確かな証言に基づいて建てられた、世界各地の慰安婦像を撤去していくことだ。「コロナ禍」が少し鎮静化したら、米独韓にある慰安婦像視察ツアーなど、企画されてはいかがだろうか。慰安婦像視察ツアーが何組も続けば、現地のマスコミも取り上げ、日本人が何故、静かに慰安婦像を訪れるのか関心を持つことであろう。それは韓国側が問題にしてきた「歴史認識問題」に、一石を投ずることにもなるからだ。

韓国が問題とする「歴史問題」に対して、日本は沈黙すべきではない。その手段と方法を考え、韓国側の動きを封印することだ。静かに世界各地の慰安婦像を訪れ、その前で記念写真を撮り、それを日本海呼称問題や竹島問題の事実とともに、ＳＮＳにでも載せればよい。やがてそれはそれぞれの国の言葉で拡散していく。それが出来るのは、本書を最後まで読まれた読者の皆さんである。

その本書を企画された梶原麻衣子女史には、心から感謝して、筆を擱きたいと思う。

関連年表

年号	できごと
1618	江戸幕府が、大谷・村川両家に鬱陵島（当時の日本名「竹島」）への渡海を許可する（1625年説もある）
1693	大谷家の船頭たちが鬱陵島で朝鮮の漁民と遭遇。安龍福・朴於屯の2名を、隠岐島を経て鳥取藩に連れ帰る
1696	江戸幕府が鬱陵島への渡海禁止を決定、鳥取藩に伝える
	安龍福らが「鳥取藩に訴え事がある」と来日、その後国外追放（元禄竹島一件）
1726	対馬藩が『竹嶋紀事』の編纂を命じる
1836	今津屋八右衛門が現在の竹島（当時の呼称「松島」）へ行く名目で鬱陵島へ行き、処罰される（天保竹島一件）
1877	日本（明治）政府内務省が、現在の鬱陵島の地籍編纂について、「竹島（現在の鬱陵島）外一島の件は、本邦と関係なしと心得るべし」との指令を出す
1900	大韓帝国政府、「勅令第四十一号」を交付。鬱陵島を鬱陵郡とし、郡の管轄区域を「鬱陵島全島と竹島、石島」とする。
1903	隠岐の中井養三郎が現在の竹島でアシカ猟を開始
1904	中井養三郎、「りゃんこ島」（現在の竹島）の領土編入と貸し下げを願い出る
1905	日本政府、中井養三郎の意を受け「島名を竹島とし、日本領土に編入し、隠岐島司の所管とする」ことを閣議決定
	島根県知事、「島根県告示第四十号」により、竹島の地名と所管を公示
1910	日韓併合

1940	舞鶴鎮守府が竹島を海軍用地として引き継ぐ
1945	日本が「ポツダム宣言」を受諾、敗戦 ＧＨＱが日本漁船の操業区域を指定（マッカーサーライン）、竹島はライン外
1946	ＧＨＱがマッカーサーラインを改定、日本の船舶と乗組員に対し「竹島の12カイリ以内への接近を禁止」、ただし日本の管轄権に関する政策表明ではないと規定
1948	大韓民国成立
1951	韓国政府、米国政府に対し「対日平和条約で竹島を韓国領とする」よう要望 米国が「竹島は一度も韓国領であったことはない」として拒否（ラスク書簡）
1952	韓国・李承晩大統領が一方的に「李承晩ライン」を宣言、竹島を韓国領に含める。日本政府は抗議 サンフランシスコ講和条約発効、竹島は米軍の爆撃訓練区域として提供
1953	島根県と海上保安庁が竹島を共同調査 竹島にいた韓国人が日本の巡視船「へくら」に発砲 韓国政府、「李承晩ライン」内からの日本漁船の退去を命じ、拿捕の強行を開始。日本漁船に甚大な被害
1954	韓国政府、竹島に武装要員を派遣して実力による不法占拠を開始 日本政府、韓国に対し竹島について国際司法裁判所に付託することを提案、韓国政府は拒否
1962	島根県議会本会議、「竹島の領土権確保に関する決議」を全会一致で採択
1965	日韓政府、日韓基本関係条約とともに日韓漁業協定を締結、韓国による日本漁船の拿捕が収まる

1978	韓国政府、領海12カイリを宣言し、竹島近海から日本漁船を締め出す
1981	韓国が竹島にヘリポート設置
1992	韓国が国連の地名標準化会議で「東海（the East Sea）」表記が正しいと初めて主張
1997	韓国が国際水路機関で「日本海（the Sea of Japan）」と「東海」の併記を主張
1999	新日韓漁業協定発効
2005	島根県議会「竹島の日を定める条例」を制定、竹島研究会設置
2007	竹島資料室設置
2012	韓国・李明博大統領が現役大統領として初めて竹島に上陸
2013	日本政府、「領土・主権対策企画調整室」を設置
	日本政府が島根県「竹島の日」式典に初めて政務官を派遣
2014	日本政府、教科書に竹島を「わが国固有の領土」と明記するよう指針を発表
	米バージニア州で「日本海／東海併記」を義務付ける州法が可決される
2020	国際水路機関が「日本海」単独表記を正式決定

竹島VS独島

日本人が知らない「竹島問題」の核心

著者　下條正男

２０２１年３月５日　初版発行

下條正男（しもじょう・まさお）
１９５０年長野県生まれ。国学院大学大学院博士課程修了。83年、韓国に渡り三星綜合研修院主任講師、仁川大学校客員教授を経て98年に帰国。99年、拓殖大学国際開発研究所教授、２０００年、同大学国際学部アジア太平洋学科教授に就任、現職。２００５年より島根県「竹島問題研究会」座長。著書に『日韓・歴史克服への道』（展転社）、『竹島は日韓どちらのものか』（文春新書）、冊子「知っておくべき竹島の真実」シリーズ（ハーベスト出版）など。

発行者　佐藤俊彦
発行所　株式会社ワニ・プラス
〒１５０-８４８２
東京都渋谷区恵比寿４-４-９　えびす大黒ビル７F
電話　０３-５４４９-２１７１（編集）
発売元　株式会社ワニブックス
〒１５０-８４８２
東京都渋谷区恵比寿４-４-９　えびす大黒ビル
電話　０３-５４４９-２７１１（代表）
編集協力　梶原麻衣子
装丁　橘田浩志（アティック）
柏原宗績
ＤＴＰ　株式会社ビュロー平林
印刷・製本所　大日本印刷株式会社

ISBN 978-4-8470-6179-0
ワニブックスＨＰ　https://www.wani.co.jp